W0410916

L'ÉDIT DE CARACALLA

ou plaidoyer pour des États-Unis d'Occident

L'Édit de Caracalla

ou plaidoyer pour des États-Unis d'Occident

par

† Xavier de C***

Traduit de l'anglais (américain)
et suivi d'une épitaphe par

Régis Debray

Fayard

© Librairie Arthème Fayard, 2002.

AVERTISSEMENT

Un homme de qualité, qui part faire la guerre et n'en reviendra pas, écrit depuis l'autre rive, l'Amérique, à un de ses vieux amis d'adolescence, parisien apaisé qui voit les choses de loin. Nous sommes à la fin de l'année 2001. Cet homme est un Français qui a pris la nationalité américaine. Un haut fonctionnaire de cinquante-huit ans, féru de lettres latines, qui a « beaucoup vécu » et choisit la langue de tout le monde pour expliquer son ralliement. Il y a des enveloppes qu'on regrette d'avoir décachetées parce que leur contenu nous fait mal, violemment, mais dont on se demande, après coup, si la souffrance qu'elles nous ont infligée n'est pas de celles qui font du bien. Je demande au lecteur d'aller jusqu'au bout de celle-ci, sans se décourager.

R. D.

Washington D.C., 10 octobre 2001

Mon vieux Debray,

Le pas est sauté. Tu devines lequel puisque, cette fois, je ne t'écris plus dans notre patois commun. Ne va pas croire à un accès de dépit envers ma petite patrie si diminuée, encore moins à un coup de cœur midinette ou de menton matamore. J'avais deux ou trois connaissances parmi les victimes du *World Trade Center*, mais, curieusement, aucune de mes relations au Pentagone n'a été touchée, et Dieu sait si j'y ai traîné mes guêtres depuis toutes ces années. Mais laissons le cœur et la colère. Tu me connais assez, mon cher Régis : je n'ai rien de la tête brûlée. Il y a longtemps que je la voulais, cette naturalisation. Et sans passer par le classique mariage blanc. Je tenais au rite de passage à la loyale, sans piston, comme n'importe quel immigré consciencieux. Tu seras heureux d'apprendre que j'ai passé avec succès les tests de langue et d'histoire, sans rien dire aux anciens collègues de l'ambassade. C'est gagné. Plus de carte verte, un passeport.

Tu m'aurais vu prêter serment à l'Office d'immigration, ce triste matin de septembre, où chacun errait, encore gris de cendres, dans une odeur de caoutchouc brûlé, de fils roussis ! Devant le drapeau étoilé, main sur le cœur ! Il n'y avait plus grand-monde dans les bureaux, mais les employés avaient le regard humide, fiers d'eux-mêmes et de nous. Ils nous ont même félicité « pour cet acte de courage dans un moment aussi dur ». Nous étions trois, on aurait dit une cérémonie de famille : un Italien, un Hollandais, et un Gaulois, ton serviteur. Pas un Asiatique, pas un Latino. Tous Européens. Le hasard fait bien les choses.

De bon augure, non ? J'ai l'impression, en reportant l'allégeance, de remplir *l'agenda dei*. De couronner et non de renier un héritage millénaire, en anticipant sur son seul avenir possible. Avant de m'assommer sous les poncifs – collabo, défaitiste, mercenaire, etc. –, j'aimerais que tu entendes mes raisons. Tu es le premier des Français de France que je mets au parfum. Drôle d'idée que de faire ses confidences à un « anti-Américain » ranci dans ses rancœurs (je mets des guillemets parce que tu vaux mieux à mes yeux que ta mauvaise réputation). Prendre à témoin son plus vieux copain qui n'est pas de son bord, cela force à se mettre soi-même au net, posément (et en te prenant pour cible de mes cogitations, c'est peut-être à celui que je fus jadis que je m'adresse). Tu sais, depuis l'École, je n'ai jamais désespéré de te convaincre. Tu n'es ni antisémite ni raciste, pourquoi rester anti-américain ? C'est un virus de la même souche, l'infection bolchevique. Ce n'est pas le capitalisme, c'est la démocratie que la gauche française a prise en grippe, avec la liberté créatrice de l'argent, de conscience et de vote. Le socialisme du ressentiment ! Il serait temps que tu t'en libères. Il n'est jamais facile d'être contemporain de son époque, mais, depuis le 11 septembre, un certain nombre de clichés ont pris un coup de vieux, n'est-ce pas ?

« Nous autres civilisations... » Oui, nous savions, citions et récitions jusqu'à plus soif « que nous sommes mortelles ». Restait à le *voir* de nos propres yeux. Le montage en boucle t'aura donc rappelé combien précaire était notre Ville éternelle, et que ce qu'on n'osait plus appeler le monde libre n'est pas plus invulnérable qu'une tour de Babel à contre-jour. Ben Laden a mis la phrase de Valéry à la portée des illettrés. « Vous aviez les mots, voici l'image. » Fléau du ciel ou main de Dieu ?

Puisse le coup de massue qui a pulvérisé les *Twin Towers*, nos deux colonnes d'Hercule (les mêmes qui barrent symboliquement le dollar), résonner chez vous comme un glas. Peut-être pas d'une suprématie, espérons-le, mais d'une certaine indolence aveugle, un triomphalisme mou qui empêchait l'Occident de prendre conscience de lui-même comme d'un îlot précaire, cerné de haines mugissantes. Nous voilà tous au pied du mur, face à nos contradictions secrètes. A trop disserter sur les cultures en guerre, on en oublie le choc de la nôtre avec elle-même. Nos lâchetés, nos routines, nos berceuses. L'euphorie d'un leadership un peu distrait, auquel tout était dû, ne survivra pas à ce tocsin qui sonne l'alerte pour vous aussi, Européens. Berlusconi a eu le tort de dire tout haut ce que nous pensons tous *in petto*, eu égard aux convenances diplomatiques. Oui, notre civilisation est supérieure à celle de l'Islam. En termes d'aménité, de respect des droits de l'homme et plus encore de la femme, de liberté de recherche intellectuelle et de progrès scientifique, qui peut dire le contraire, même s'il y a des choses à ne pas dire ? Soyons moins vantards que le *Cavaliere*, mais surtout plus opérationnels. Commençons par sauver les meubles, et faire en sorte qu'elle soit toujours là dans cent ans, notre civilisation, à côté des autres (puisque le temps est fini où le mot ne s'employait qu'au singulier). Somme toute, nous ne représentons, nous Occidentaux, que 15 % de la population mondiale. Et, avec la globalisation, nous sommes devenus aussi voyants aux yeux des 85 % autres qu'une vitrine Hermès en Plaine-Saint-Denis. Un malfrat enfonce une voiture-bélier dans la vitrine : sirène d'alarme, le commissariat du coin rapplique ? Non, cela ne suffira pas. Dans trente ans d'ici, il y aura deux milliards d'hommes pris dans la mouvance musulmane. Un homme sur quatre sera un « terroriste » virtuel. Alors, qu'est-ce qu'on fait ? On mue ou on meurt. Qui, on ? Toi et moi. Tous les croquants judéo-chrétiens qui ont encore le privilège d'obéir à Moïse seulement s'ils le veulent bien, et de chasser leurs gouvernants quand et si cela leur chante. Au XXe siècle, l'Europe était divisée contre elle-même, et, au final, après deux guerres intestines, elle a dû passer la main. Allons-nous voir le même suicide se répéter, cent ans après, à plus large échelle ? L'Occident victime de sa courte vue, tirant à hue et à dia, et au total contraint, après deux ou trois victoires de Gribouille, à s'effacer devant la loi du nombre ? Nous n'en avons pas le droit, si nous méritons le nom d'homme.

La preuve se fait par la peur. *Challenge and response*. Une fois de plus. C'est quand l'Europe des vieux États-nations a eu frôlé l'abîme, après Verdun, qu'a éclaté la bêtise des rivalités nationales aux yeux de quelques prophètes désarmés : Briand, Jouvenel, Coudenhove-Kalergi, Riou...

L'idée de l'Union paneuropéenne est sortie du premier carnage mondial et elle a pris forme après le second, avant de s'enliser dans des marchandages d'épiciers. Puissent les rivalités euro-américaines devenir aussi ringardes, après cet électrochoc. La guerre au barbare sonne l'heure de la relève au cran géopolitique d'après, le seul viable désormais : l'Union pan-occidentale. Le souffle du boulet me fait déraisonner ? Je me suis fait canarder quelques fois, avec les « contras » et les moudjahidin, et ce n'est pas un missile humain, aussi inhumain soit-il, qui va m'enlever le sens commun. Essayons seulement de nous mettre à la hauteur des enjeux. Ceux qui ne se résignent pas à regarder l'événement tomber comme la neige sur leur petit écran doivent chausser leurs bottes de sept lieues pour franchir l'abîme qui sépare leur Landernau de la planète, et leur agenda de l'Histoire. Chirac, Schröder, Aznar, Berlusconi et tous les régionaux de l'étape auraient intérêt à hausser la mire au-delà des prochaines élections et de la retape cantonale. Rideau sur les rigolades : *L'Atlantisme en charentaises* est mort en même temps que *La Forteresse Amérique*. Une page est tournée. Et maintenant ?

« Depuis que Rome détruisit Carthage, ai-je lu chez un de mes nouveaux compatriotes, aucune autre grande puissance n'a atteint les sommets où nous sommes parvenus. » Le présomptueux disait le vrai, mais à moitié. Il dit le fruit, sans le ver. Le bonheur des uns, sans le ressentiment des autres. Le Capitole sans la Tarpéienne. Sûre encore que le monde lui appartenait, l'Amérique ne savait pas, avant le 11 septembre, qu'elle appartient au monde. Comme si l'Histoire repassait nonchalamment les plats ! « Le XVIIIe siècle fut français, le XIXe anglais, et le XXe américain. Le prochain sera à nouveau américain », ajoutait le naïf. *Bis repetita placent* ? Quelle myopie ! Le siècle nouveau sera occidental, peut-être, avec un peu de chance, mais à condition de le vouloir et seulement si nous le faisons tel. Par une conversion intellectuelle, morale et institutionnelle. Par une mutation à la taille du défi, en rupture avec tout le suranné intergouvernemental qui continue de régir les relations transatlantiques entre les deux rives de notre *mare nostrum*, relations engluées dans la fausse sécurité des « précédents ».

Une civilisation, c'est d'abord un centre et des frontières. Du moins dans la réalité des siècles. Car, pour agiter les têtes, un rhéteur peut se contenter d'outres vides. L'Occident de nos éditos est pompeux comme du vent. Ce bon vieil Huntington est un journaliste monté en graine, mais il abuse un peu trop de son avantage :

l'ignorance historique. Le « choc des civilisations », idée-bateau jadis baptisée « guerre de Religion », ne brille pas spécialement par sa nouveauté (du moins avait-elle, chez Braudel, inventeur de l'expression, une autre envergure). Ce collègue aux idées simples fait débuter à peu près la création du monde à l'an mil après J.-C. Il a réussi à faire (c'est le privilège du label US d'arroser l'univers !) un sujet de dissertation planétaire avec un truisme pour enfant de sept ans : *un monde divisé en civilisations* (c'est le titre qu'il a donné à la première partie de son survol). En voilà, une découverte ! Il a oublié le lièvre : que le monde est aussi divisé en États, cent quatre-vingt-neuf au dernier comptage ONU. Palau, dans le Pacifique, étant le 188e avec soixante-douze mille habitants (et du coprah), et la prétendue Autorité palestinienne, le 189e. Pour un homme d'action, le problème consiste justement à faire coïncider cultures et structures, sans quoi on fait du bruit avec la bouche. Exprimer des vues onctueuses et niaises sur *La puissance de l'Occident, domination et déclin*, est à la portée du premier dépressif venu ; encore faut-il traduire en pratique cette notion nuageuse et sans contours d'Occident, verbosité sublime, transcendante fadeur dont nos grandes consciences semblent oublier ce qu'il en a coûté, dans le passé, pour lui donner tant soit peu de corps. Toutes les civilisations, à cet égard, furent logées à la même enseigne. Croit-on qu'il y aurait aujourd'hui un Islam s'il n'y avait eu, trente ans après la mort de Mahomet, un *imperium* ommeyade, puis abbasside ? Si Damas et Bagdad n'avaient été des capitales politiques en même temps que religieuses ? Et que saurait-on d'Ibn Arabi, le soufi, si Sélim Ier le conquérant ne lui avait consacré une mosquée – et un tombeau ? Y aurait-il encore du christianisme s'il n'y avait eu la Chrétienté – carolingienne ou byzantine – pour arrêter les chevauchées arabes ? Y aurait-il encore une Sainte Montagne, un Mont Athos, sans les murailles de Constantinople ? Des Cisterciens sans une chevalerie franque, un ordre jésuite sans un Charles-Quint ? Quand a-t-on vu trois syllabes en l'air tourner les clés de mise à feu ou signer des ordres de réquisition ? Les directeurs de l'opinion se contentent de bien peu. Leur insouciance à faire coïncider les mots et les choses, leurs tirades et leurs actes, m'est un constant sujet d'émerveillement. On veut la crème sans la pâte. Cela flatte le principe de plaisir. De là, leur succès auprès des Rotarys. « Civilisation » est sublime, « organisation » trivial ; nos bruyants préfèrent le flou.

Mieux vaut les *mains sales* que pas de mains du tout, n'est-ce pas ? Le dessein que nous sommes quelques-uns ici à concocter en silence est plus exigeant : il vole au ras des pâquerettes. C'est une victoire sur soi-même, moins facile à vendre qu'une nouvelle monnaie, une campagne presse-télé n'y suffira pas. On peut l'appeler « révolution » pour corser le propos, mais au sens le plus élémentaire du mot, qui ne désigne qu'un retour du factice au réel. Qu'est-ce qui est factice aujourd'hui ? Les micro-États à l'ère macroscopique. Les diplomaties, les services de renseignements, les satellites de surveillance qui doublonnent sans raison. L'Europe à quinze, à dix-neuf, à vingt-cinq ! L'Amérique du Nord à trois, celle du Sud à trente ! La mappemonde du XIXe siècle transportée dans le XXIe ! A-t-on besoin de Monaco, du Liechtenstein et d'autres principautés quand l'humain est en cause ? Et qu'est-ce qui est réel, en revanche ? La communauté de destin des sociétés libérales fragilisées. Demandons aux spécialistes du droit international de transformer un seul espace de sens en un seul espace de souveraineté. Au renouveau islamique, répondons sans équivoque par un renouveau démocratique. Bâtissons les « États-Unis d'Occident » en prenant pour môle ceux d'Amérique. Sachons au moins utiliser nos atouts. Notre fécondité étant ce qu'elle est, inutile de jouer la montre. Le flot monte, inexorable. Prenons un temps d'avance. La force de l'islam réside dans sa vigueur morale, sa ferveur partagée ; sa faiblesse, dans ses divisions étatiques, l'absence, depuis l'abolition du califat par Atatürk, en 1924, de capitale reconnue de tous. Nous, c'est l'inverse. Nous n'avons pas le moral, mais nous avons des moyens et un centre. Faisons force de notre faiblesse. Opposons à ce monde au fanatisme tentateur mais insaisissable, éclaté, acéphale, un État centralisé, avec une tête, qui compensera la mollesse de nos convictions en médusant l'adversaire par l'audace et la rapidité de décision. L'Amérique est plus croyante que l'Europe. La foi étant plus contagieuse que le doute, la nôtre soufflera d'ouest en est dans l'Union élargie, comme les contre-alizées dans les hauteurs de l'atmosphère (la ferveur vous aura gagné avant que l'à-quoi-bonisme européen ne nous contamine). La plus grande entreprise de l'Histoire ? Le projet n'a rien d'exorbitant. A nouveau défi, nouvelles réponses. Nos moyens de communication et de transport le permettent. Nos technologies (tu ne cesses de le répéter) sont en avance sur nos Constitutions ; rattrapons ce retard.

L'Islam est une communauté religieuse sans cohésion politique. Opposons-lui le système inverse, puisque chez nous la Chrétienté ne relie plus les cœurs. Et mettons fin au découplage entre le continent américain et le petit promontoire de l'Asie. Ce dernier n'est plus à l'échelle. Ce n'est pas au médiologue que j'apprendrai que la boule terraquée a la face et la surface de ses vecteurs. L'ancienne géographie, satellites et vidéoconférences nous en soulagent chaque jour. La Terre a rétréci d'un facteur dix en un siècle. Il faut moins de temps, en Concorde, pour aller de New York à Paris que de la côte Est à la côte Ouest en Boeing. Même décalage avec le fuseau horaire d'Anchorage et celui de Hambourg. La France et la Californie sont à équidistance de l'Hudson River. Le défaut de continuité territoriale n'est plus un argument. Ou alors la Martinique et la Guadeloupe ne seraient pas vos départements d'outre-mer, et ni l'Alaska ni Hawaï ne seraient comptés au nombre des États-Unis. L'Empire romain du IIe siècle s'étalait de Bakou sur la Caspienne, la garnison militaire la plus orientale, jusqu'au mur d'Écosse : 5 000 kilomètres à pied d'est en ouest. Il fallait au moins un mois pour dépêcher un légionnaire d'Italie aux avant-postes. Et, à l'ère de la conquête spatiale, on ne pourrait pas voir aussi large ? L'Atlantique nous unit comme la Méditerranée unissait nos aînés. Cet Océan traverse notre Occident comme la Seine, Paris, où il n'y a pas deux Hôtels de ville. Les électeurs de la capitale votent en même temps et pour les mêmes, rives gauche et droite. Nos gouvernements nationaux, telles des mairies d'arrondissement, pourront, à l'avenir, garder l'administration de proximité comme échelon de recours et de médiation. Mais pourquoi toujours deux maires pour une seule ville-monde ? Deux têtes élues pour un seul *continuum* géostratégique ? Le vote par Internet sera plus rapide, et transparent, plus facile à décompter, dans notre internation de demain, que les bulletins de papier dans les urnes en bois de Floride...

Et notre limes futur, jusqu'où le reculer ? Je te réponds : là où s'est arrêté l'onde du froid dans le dos qui a traversé nos arrondissements et balayé les frontières au vu de ce coup de poignard, tsunami anticipateur. Les frissons du téléspectateur moyen en disent plus sur l'avenir que les élucubrations des futurologues. Notre aire de civilisation, puisqu'il faut bien la circonscrire pour la définir et la défendre, disons qu'elle regroupe l'ensemble des villes et campagnes, chaumières et châteaux où l'ennemi de l'Amérique a été d'instinct senti, entre chair et cuir, comme l'ennemi intime. Prends un crayon et tu verras que cette réaction épidermique dessine en pointillé une carte. D'identité et de géographie. Elle inclut Israël, non la Palestine. Le Mexique, jusqu'au Chiapas exclu. La côte nord de la Méditerranée, non le Maghreb. Peut-être la Russie, certainement pas la Chine. Peut-être la Turquie (tu connais mon faible pour Kemal), certainement pas le Moyen-Orient ni l'Asie centrale. Ni l'Afrique noire, cela va sans dire. Une Confédération en repoussé : notre circonscription occidentale à défendre. Ami est quelquefois un mot vide de sens ; ennemi, jamais.

*
* *

Et vous, les Français, qu'allez-vous faire demain ? Des ronds dans l'eau en mer d'Oman avec trois barcasses ? Des postes d'infirmerie à la frontière afghane ? Notre service après-vente ? La lecture de la presse parisienne, ces derniers jours, a achevé de me convaincre que l'abus du geste et de la phrase reste votre péché mignon. « N'ayons pas peur ! » « L'union des démocraties doit être sans faille. » « Préparons-nous, aux côtés de nos amis américains, à subir et à participer à un conflit long et sanglant. » De *L'Huma* au *Figaro*, cet élan d'unanimité fait chaud au cœur, mais si le monde civilisé devait se réduire à une Internationale des bons sentiments, je ne donne pas cher de sa peau. Moins de poésie, s'il vous plaît, et plus de logique ! Je ne conteste pas la conviction ni la sincérité de vos ministres et éditorialistes, mais votre « Nous sommes tous

Américains » sent plus, je le crains, l'émotion d'un jour qu'une position réfléchie. Le « Je suis Berlinois » de Kennedy, en 1962, n'exprimait pas une bouffée d'humanisme, mais une stratégie d'engagement. Soit, lire dans le journal de feu Beuve-Méry que « Nous sommes tous Américains », est plus réconfortant et inattendu qu'un énième « Nous sommes tous New-Yorkais ». Cela, c'est le réflexe de l'ado en santiags, ou du vieux soixante-huitard, le *visiting professor* qui vient palper chaque automne l'enveloppe de dollars frais qu'il ne déclarera pas au fisc, et dont la « grosse pomme » est un peu l'arbre de Noël. Certes, mieux vaut s'identifier à une culture qu'à un *sky-line*, mais des gasconnades ne font pas du long terme. Vouloir les conséquences de ce qu'on veut, là est le hic. *Hic Rhodus, hic salta*[1]. On ne connaît pas d'autre pierre de touche pour distinguer les bravaches des audacieux. Ou la comédie des poses, du tragique de la décision. Les Européens ont décidément bien du mal à quitter ce théâtre d'ombres que projette un grand passé sur un petit présent. Je m'en ouvrais encore hier soir à mon bon J. R., l'ancien porte-parole du *State Department*, celui qui t'a donné un coup de main, contre l'avis formel des services, pour te

1. « C'est ici qu'est le Rhône, c'est ici qu'il faut sauter. » *(N.d.T.)*

débloquer un visa après qu'on t'eut refoulé à l'aéroport pour cause de relations suspectes[1]. « Les ennemis de la civilisation veulent nous diviser. Il nous faut être unis pour les vaincre. » Qu'est-ce que cela veut dire, « unis » ? lui ai-je demandé. Il a reparlé d'alliance, la scie de toujours, j'ai failli me mettre en pétard. Jusqu'à quand l'union des cœurs, les envolées Lafayette, le *partnership in leadership*, l'indépendance dans l'interdépendance, la gratitude du débiteur et autres *lipservices* en quoi vous excellez en Europe ? Assez de bonnes volontés, messieurs dames, un peu de volonté ! Quand les Européens cesseront-ils de mettre le disque du « Nos amis américains », du « Notre solidarité sans failles », etc... ? Jusqu'à quand allez-vous jouer les mouches du coche ? Choisissez une bonne fois entre la fascination moche de la force et le partage du fardeau, entre un vieux suivisme et un nouveau civisme. Quand nous aurons gagné cette guerre, je formule le vœu que l'Europe ose enfin arborer la bannière étoilée du vainqueur.

1. Allusion à un incident personnel sans importance. En juillet 1999, invité à Dartmouth College, le traducteur se vit confisqué son passeport à son arrivée à Boston et interrogé quatre heures durant par la police, soit trois de plus qu'à l'ordinaire (bien que les Français n'aient plus besoin de visa). Après une année d'efforts, grâce à l'entêtement généreux du Quai d'Orsay et à l'intervention en sous-main, sur place, de Xavier de C***, un visa « waver », à durée limitée, fut finalement concédé pour raisons familiales. M'était reprochée par les autorités, qui ont l'esprit large, une « collusion non démentie avec des organisations terroristes » [*sic*]. *(N.d.T.)*

Et qu'elle ajoute ses étoiles d'or à un *strips and stars* élargi aux dimensions de l'avenir. Chacun faisant vers l'autre la moitié du chemin – enfin, façon de parler...

*
* *

« Qui n'est pas avec nous, sera contre nous », a annoncé fort à propos *mon* nouveau président (c'est aussi le tien, que cela te plaise ou non). Moi, je ne me sens pas Tadjik, Australien ou Fidjien. Être « avec » ou « aux côtés » ne me convenait pas, je n'ai pas une âme de supplétif. Jusqu'à quand jugerez-vous normal que les dirigeants de l'Union ne doivent des comptes qu'aux électeurs des cinquante États de l'intérieur ? Il se trouve qu'ils décident de votre destin, vous qui êtes leur outre-mer. Est-il juste, est-il démocratique qu'ils ne soient pas responsables devant tous ceux dont, bon gré mal gré, ils dictent la conduite et l'avenir ? Que veut dire partager une vision du monde, comme vous nous le ressassez, si on n'en partage pas les sacrifices et les épreuves ? C'est entendu : Américains et Européens, nous voulons tous démocratiser nos arrières, promouvoir les droits de l'homme, agiliser les économies des plus retardés. Mais encore ? Une communauté de valeurs qui ne se traduit pas en unité de commandement, c'est bon pour les discours de fin de banquet. Il n'y a pas deux Occidents (le ténor et le sous-fifre). Il n'y en aura qu'un, ou alors pas du tout.

Pour gérer une économie moderne, votre opposition gauche/droite ne fonctionne plus (quel Dieu verrait une différence entre un ministre des Finances socialiste et son sosie libéral ?). Pourquoi encore distinguer entre l'Intérieur et les Affaires étrangères pour organiser la défense d'une seule Maison de l'esprit ? Cela veut dire quoi, dans les faits, « l'Occident uni, l'Amérique en tête » ? Mon ami Messier, qui va sur mes brisées parce que lui non plus ne se paie pas de mots (j'espère que son duplex ici a tenu le coup), a intégré Vivendi dans Universal. A ma minuscule échelle, j'ai fait moi aussi le nécessaire pour rejoindre l'universel.

*
* *

Tu serais bien sot de penser que je me suis mis du côté du manche. En pique-assiette ou en opportuniste. *Civis romanus sum* ? Cela, n'importe où, fait de vous une cible plus qu'un superman. J'ai plutôt le sentiment de m'être porté au point le plus exposé du dispositif, là où il y a le plus de coups à prendre. Les historiens du XXIIIe siècle, je le subodore, feront remonter à ce 11 septembre 2001 le début de la fin de la *pax americana*, le point d'inflexion de la courbe. Et c'est à retarder le grand reflux que j'aimerais contribuer. J'ai tissé au fil des ans assez de liens avec les « cercles dirigeants », donné assez de gages de ma loyauté pour que cette outrecuidance soit un peu plus qu'un délire mégalo. Pense plutôt à un vieux lettré chenu d'Athènes ou de Corinthe se faufilant dans les couloirs du Palatin pour sermonner un chien fou de Consul. Ce que Derrida a réussi dans les universités, côté études littéraires, je dois le tenter dans la prévision stratégique, côté *policy planning staff*. Non pour déconstruire mais pour consolider et restaurer. Du déjà vu, n'est-ce pas ? Horace : « La Grèce captive captiva son farouche vainqueur et introduisit les arts dans le rustre Latium... » L'échange des civilités et blancs-seings peut aller jusqu'à la communion des âmes – à peu près le siècle des Antonins –, quand l'origine des parents devient indifférente, quand la communauté de buts, face à la lance barbare, transcende les langues maternelles... La lourde pyramide romaine était plus facile à refonder de l'intérieur, je ne le sais que trop. Les décideurs de ce temps-là étaient tous bilingues, les Latins de Cicéron ou de Juvénal avaient le grec pour port d'attache, et qui n'incorporait pas la culture rectrice dans les Jardins de César et même au Champ de Mars, faisait figure de demeuré. Les choses seraient aujourd'hui plus simples pour les prétentieux de mon espèce si, dans *Air Force One*, entre Shanghai et Berlin, notre nouvel *Augustus* griffonnait son journal intime en allemand ou en français, comme Marc Aurèle ses *Pensées* dans la langue de Platon, entre deux carnages. A Dallas, Texas, l'Évangile est le seul livre de sagesse en circulation. Je ne m'en plains pas, mais c'est court. Cette Cosmopolis à réinventer a si bien stocké toute la mémoire du monde dans ses bibliothèques et ses campus qu'il n'en reste plus une miette au Capitole. Les Kissinger et les Brzezinski vous voilent ce qu'il entre d'ignorance crasse dans la rusticité bonhomme des sénateurs de la commission des Affaires étrangères, mes interlocuteurs d'occasion. L'un d'eux a trouvé un acronyme pour le monde extérieur : *Row – Rest of the World*. C'est tout dire ! Mais cette ingénuité robuste, appliquée et désirant bien faire, ne vaut-elle pas mieux, le nez sur l'obstacle, que le chipoteux combinard de ces Européens pourris d'astuce, les petits malins du système D qui ne pensent qu'à passer à travers les gouttes (François Mitterrand, ton ancien ami et patron, n'était pas mal dans le genre) ? Je me demande parfois, soit dit en passant, si je me suis vraiment débarrassé de mon complexe de *frenchie*, de *graeculus*, le petit Grec pusillanime et enculeur de mouches. La crainte du quolibet – la particule n'arrange rien – n'a pas peu compté dans ma décision de me dédouaner une fois pour toutes. Je parle l'américain en mangeant les mots, comme un yankee, mais quand je m'adresse au digne représentant du Kentucky, fabricant de moissonneuses-batteuses dans le civil, le *graecus homo ac levis*[1] de Cicéron continue de me titiller les méninges. Avec toi, au moins, je n'ai pas honte. Entre Gréco-Latins...

*
* *

Le débat sur la politique extérieure a repris de plus belle par ici. Examen de conscience généralisé. Il paraît même de copieux articles de réflexion dans le *Post* et le *NYT* : *« Empire or not ? A Quiet debate over US Role »*. *« US urged to embrase an imperialist role »*. Si tu as lu ces fadaises dans le *Herald Tribune*, tu mesureras l'ampleur de ma tâche. Vois-y un indicateur du niveau de conscience de ce côté-ci de l'eau. Curieuse métropole qui a peur de son ombre, comme le lièvre de La Fontaine de ses oreilles pointues, au point que la vue plutôt juste qu'on en a du dehors la fait sursauter. L'ancienne « superpuissance » ne leur plaisait guère.

1. « Le Grec est léger et inconstant. » *(N.d.T.)*

« Hyperpuissance », la jolie trouvaille de Védrine, a vexé la bonne conscience puritaine. Ils s'estiment normaux et ne voient pas de quelle maladie, hypertension ou hyperthyroïdie, on peut les accuser (hyper, ici, relève du pathologique). « Empire » leur sonne anachronique et contradictoire avec la statue de la Liberté. Évangéliquement incorrect. Monarchique, limite Troisième Reich, pas *freedom* pour un sou. Ces âmes sensibles devraient lire Thucydide et sa *Guerre du Péloponnèse*. Athènes, qui a inventé la liberté chez elle, ne s'est pas privée de génocides au-dehors, à Delos ou Mitylène, comme chef de la Confédération panhellénique. Ce qui n'a pas empêché les droits civiques à l'intérieur de la *polis*, pour les hommes libres, s'entend, esclaves et métèques en *stand-by*. Et notre Gaule chevelue n'a eu finalement qu'à se féliciter du coup de peigne que lui a donné son Jules César de voisin. Empire, le terme évoque ici on ne sait quelle maladie de langueur, la décadence version Verlaine. La rengaine du déclin a toujours obsédé les colloquants de la gauche intellectuelle, mais mister Smith, par chance, n'a pas l'air d'être au courant. C'est l'Européen qui me semble céder aux vertiges de l'*inward-looking* ; c'est Dupont qui regarde passer les grands barbares blancs en composant des acrostiches indolents et des éditoriaux larmoyants. Autour de moi, l'énergie s'est réveillée, le drapeau claque partout, chacun marche emmailloté dans le bleu et rouge. Un renouveau d'orgueil, un coup de fouet collectif. Cela dit, mes nouvelles couleurs nationales, je les voudrais carrément transnationales. M'est avis que c'est en s'assumant officiellement pour ce qu'elle est déjà, sans se l'avouer, que la nation ultime s'évitera les misères du Bas-Empire (aucun manuel d'Histoire ne précise, soit dit en passant, quand s'est terminé le Haut. La mort de Commode, la scène finale de *Gladiator* ? l'avènement de Dioclétien ? ou la conversion de Constantin ?). C'est précisément la dimension qui manque à l'américanité, celle que l'Europe, par sa faute, a laissée en déshérence, je veux dire la fierté d'être la Nouvelle Rome au vu de tous et de soi-même, si « être Romain, c'est avoir en amont de soi un classicisme à imiter, et en aval de soi une barbarie à soumettre ».

Nous avons à « décomplexer » nos officiels sur cette question de l'Empire. Ils en ont les réflexes, et les responsabilités, sans vraiment percevoir l'opportunité de la formule. Puissé-je servir de pédagogue, vois-tu, via *memos* et *papers* (les articles dans le grande presse, cela m'est plus difficile à cause de l'obligation de réserve, sauf à prendre un pseudo). Aucun homme de mémoire ne sera de trop pour cette mise à jour. Vos demi-savants continuent de faire rimer impérialité et iniquité. Ces démagogues confondent la pacification impérialiste qui fait système de la guerre en écrasant les plus faibles, et la politique impériale qui ouvre des routes, protège les faibles et règle les horloges. Le « vivre et laisser-vivre » impérial gère au moins mal les conflits entre minorités et nationalités. Il suffit, pour s'en convaincre, d'observer ce qui a pu se passer dans l'Empire d'Orient jusqu'à l'ultime continuation de la Rome augustéenne que fut, via Byzance, l'Empire ottoman. Car la Rome des Césars, je te le rappelle, a expiré en 1923, fondation de la République turque. La rétraction de l'espace ottoman composite dans le grand-turc pur et dur s'est aussitôt soldée par la purification ethnique, avec l'échange forcé de populations entre la côte anatolienne et la Grèce. L'ennui naquit un jour de l'uniformité... nationale. Il y aura moins d'américanismes demain dans l'Empire d'Occident qu'il n'y en a aujourd'hui dans une France soi-disant indépendante, où le procès à l'américaine fixe pour les jeunes l'image de toute justice. L'Empire ottoman a accueilli les Juifs chassés d'Espagne par la *Reconquista* et après la Réforme ; les protestants eux-mêmes ont pu trouver refuge auprès du sultan (qui invita même William Penn à venir s'installer sur les bords des Dardanelles :

la Pennsylvanie a failli être turque !). Mieux valait, au XIXe, s'appeler Castro ou Camando à Istanbul que dans un État arabe au XXe. Les Stambouliotes de toute confession nous rappellent que les plus hauts moments de la civilisation humaine (tout court, sans pluriel) ont coïncidé avec l'organisation impériale. C'est un ensemble ouvert, le plus apte à transmuer de la différence en culture. Tout Empire périra, et les chênes se meurent ; mais après avoir donné des fruits d'or comme aucun État-nation n'en cueille. Féconde matrice seyante à l'identité plurielle qui est redevenue la nôtre, le rétro impérial se retrouve futuriste quand le présent se fait polyphonique et métissé. C'est le cadre qui rendra l'Occident divisible en autant de terroirs qu'on voudra, et néanmoins cohérent. De toute façon, on n'a plus le choix. L'État-nation a tellement fondu depuis trente ans qu'il est désemparé face aux ONG comme Al-Quaïda qui sont venues combler le vide, et avec ces autres ONG aussi peu charitables que sont mafias, cartels et sectes. Comme le progrès ne peut plus replacer le curseur en arrière, il lui faut passer à l'échelon supérieur. C'est une échelle de perroquet : on ne peut qu'aller vers le haut.

* * *

« Ce que nous, notre génération, devons accomplir dans notre époque, disait naguère Clinton dans son discours sur l'état de l'Union, c'est de faire en sorte que les Américains deviennent vraiment une nation. Qu'avons-nous à faire ? Nous devenons de plus en plus divers. Croyez-vous que nous puissions devenir une nation ? » Talentueux mais immature, ce vieil ado. Ce qu'il prend pour une faiblesse, c'est une force : l'ordre à partir du désordre. A la diversité de nos voix intérieures, il faut un *modus vivendi* pragmatique. Vous vous plaignez, Français, d'un monde « unipolaire » ; un monde « multipolaire », pensez-vous, vous laisserait au moins un bac à sable où jouer en paix. Vous oubliez l'« unimultipolaire » qui harmonise les opposés (la caserne ou le bordel : fausse alternative). La refondation de ce capharnaüm qui m'a ouvert les bras en un Empire conscient de lui-même, lui permettra de se regarder sans gêne dans la glace. Ne pas oser paraître ce qu'on est, c'est montrer qu'on n'est pas tout à fait digne de l'être. Les Américains, j'en suis convaincu, n'échapperont à l'impérialisme qui les guette qu'en assumant jusqu'au bout leur impérialité (laquelle oblige à être arbitre, et non toujours juge et partie, comme au Proche-Orient). Et vous, mini-fédéralistes retardataires, n'échapperez au protectorat qu'en passant du statut d'américanisés de deuxième zone à celui d'Américains à part entière. C'est paradoxal ? Les bonnes stratégies le sont toujours. Du marché des capitaux à celui des œuvres d'art, de Wall Street à Soho, des logiciels aux ours en peluche, il n'est plus qu'un seul pays prescripteur en Occident. Pourquoi resteriez-vous dans le wagon de queue à reprendre en chœur la *Voice of America* ? Comme dans ces Téléthons de patronage où vos chanteurs pop lèvent des fonds de charité en reprenant *America, a Tribute to Heroes*, singeries bêbêtes et tristounettes...

*
* *

Mon Empire machinal et bienveillant, la fuite en avant lui a tenu lieu jusqu'ici de programme. Mondial par inadvertance, irrésistible par contagion. Il apprivoisait sans contraindre, avec ses deux armes absolues, au profil bas : le dollar et le ciné. Tout en sous-cutané. Cette insouciance n'est pas une excuse, et peut devenir une faute. Si l'Empire-engrenage ne mue pas dans les décennies à venir en Empire-volonté, on peut le jouer perdant à cent contre un. Je l'ai donné gagnant parce que je le crois capable de se rendre un jour égal à son destin. Les débuts sont toujours myopes, hésitants. La première Rome aussi a mis du temps à comprendre ce qui lui arrivait. Tocqueville devait avoir la vue bien basse pour écrire dans *De la démocratie en Amérique* : « Je remonte de siècle en siècle jusqu'à l'Antiquité la plus reculée, je n'aperçois rien qui ressemble à ce qui est sous mes yeux. » L'histoire ne repasse pas les plats, mais il y a plus qu'un air de famille entre les pionniers du Tibre et les apprentis du Potomac qui y vont à reculons. Quelques traits, en vrac : le prosaïsme et le refus des dogmes, des abstractions (les Américains sont aussi peu philosophes que l'étaient les Romains). Le droit comme jurisprudence, et la chicane en toutes choses, de la salle d'opérations au lit conjugal. Un inébranlable optimisme historique, et une bienfaisante inaptitude à la mélancolie. Le génie de la logistique, le respect de l'ingénieur. Le nouveau riche sans fausse honte, l'insouciance des gages de noblesse face à une culture grecque (ou européenne) férue de grands ancêtres, de hautes généalogies divines et de pureté originelle (quand les Grecs s'horrifiaient du *genus mixtum*, Rome se plaisait aux mélanges bâtards). Pour l'oncle Sam également, le signe de la valeur n'est pas dans l'ancienneté, mais dans le neuf et le jeune. Les uns et les autres se réalisent pleinement dans la conquête de l'espace plus que dans la profondeur du temps. Leur géographie y prédispose, entre Atlantique et

Pacifique. Notre premier Empire du milieu – je parle en Occident – embrassait l'Europe, un peu d'Afrique et beaucoup d'Asie, les trois parties du monde alors connu. L'île centrale occupait – mais à l'échelle de *l'oikoumène* d'alors – les longitudes médianes. Comme le nouvel *orbis romanus*. Rome cooptait les dieux de tous les peuples soumis ; son héritière réticente importe leurs cultures jusqu'à pouvoir enseigner leur propre passé aux nations les plus lointaines dont elle draine les cerveaux et sauvegarde les archives. L'ancienne Rome était xénophile ? La nouvelle accueille les étrangers de partout. Et, comme sa devancière, elle sait faire de ses vaincus des concitoyens ; Hispanos et Japonais font d'excellents patriotes dès la première génération. L'ethnie, la langue d'origine n'importent pas. Colin Powell n'est-il pas un immigré récent de la Jamaïque ? Et Condoleeza Rice, née en Alabama, une fille de la ségrégation ? La Cité post-moderne est trans-ethnique. Elle n'exclut pas, elle inclut. La première en titre a fait entrer des notables gaulois au Sénat. Grecs, Espagnols et Bretons en toge furent cooptés dans les ordres supérieurs. Et Marseille fédérée pouvait préserver sa tradition grecque. Ainsi procède un Empire digne de ce nom, molécule à atomes lâches qui donne corps à l'universel concret. Pas de beaux principes proclamés en grande pompe et aussitôt démentis par les pratiques, comme chez vous, mais des usages qu'on respecte sans même y penser. New York résume le genre humain sans vaines proclamations rhétoriques. L'*Urbs Orbis*. Rome, la première, fut ce microcosme sédimenté par les apports de tous les peuples du monde, où confluaient statistiques, cartes, rôles et recensements du monde civilisé. Et tout comme Rome tenait à jour les registres de tous ses citoyens, on vient de faire approuver ici l'« identifiant universel », une fiche informatisée pour chaque habitant de la planète qui codera ses compétences, affinités et même ses capacités physiques, selon sa langue d'origine.

We are the World. Dans quel autre endroit peut-on, en 2001, trompeter cela sans être pompette ? Strabon écrivait de l'Italie d'Auguste : « Et maintenant tout le monde est Romain ; quelques-uns sont appelés Ombriens, Étrusques, Ligures, Insubres. » Le successeur pourrait dire : « Et maintenant tout le monde est Américain ; quelques-uns sont appelés Italiens, Mexicains, Britanniques, Hollandais... » S'américaniser au XXIe siècle, c'est comme se romaniser au Ier, « c'est passer, comme dit mon ancienne condisciple Claudia Moatti (lis donc *La Raison de Rome*, admirable synthèse d'actualité), du statut de Syrien, d'Espagnol, de Gaulois ou d'esclave, à celui d'homme ». Il ne dépend que de nous, héritiers amnésiques, que ce passé éclaire notre présent, avec les corrections de parallaxe qui s'imposent. En matière d'expansion territoriale, la fameuse accélération de l'histoire, au demeurant, reste assez modérée. Moins de deux siècles, jadis, pour passer de l'étroit Latium à l'Italie péninsulaire. Le même temps que les premiers États-Unis ont mis pour arriver à Panama et englober l'hémisphère. Ensuite, c'est allé plus vite pour nous. Élargir le Bassin méditerranéen jusqu'à l'Euphrate et jusqu'au Rhin, cela a demandé deux siècles aux Romains ; les repreneurs ont pris moitié moins pour faire l'équivalent. Leur Orient, aujourd'hui, c'est le Japon, et leur Occident, l'Australie. Profitons de l'aubaine. Qui d'autre que l'Amérique peut assumer à moindres frais la paix et l'unité du monde civilisé ? Crois-tu qu'on respirerait mieux sous la férule de l'Islam, ou sous l'hégémonie de la Chine si par malheur elle devenait un jour la seule hyperpuissance ?

Tu te souviens, du moins je l'espère, de tes cours d'histoire romaine (à défaut, rouvre ton Piganiol et ton Carcopino !). Vers 212, quand les Goths au nord, les Sassanides à l'est, devinrent un peu trop entreprenants, sans parler des Maures sur le flanc sud, il s'est trouvé un ruffian à vue perçante pour accorder à tous les provinciaux, tous les hommes libres, la citoyenneté pleine. N'en furent exclus que les esclaves et les *dedítices*, les vaincus résidant dans l'Empire. Cet édit valut à une Rome essoufflée des millions de recrues nouvelles, de contribuables et de talents. Ce laxisme a dû beaucoup scandaliser, sur le moment, et il n'a pas empêché, me diras-tu, l'expansion du christianisme (la tache d'huile de l'époque, comme l'islam aujourd'hui en Asie, en Afrique et en Europe). Soit. Ce vivier de secours a au moins retardé de trois siècles l'émiettement barbare et les âges obscurs. On ne mène jamais que des batailles de retardement, n'est-ce pas ?

Si tu veux le fond de ma pensée (à condition que ces choses aient un fond), j'ai le sentiment que l'heure est venue d'un édit de Caracalla nouvelle manière, mieux enrobé, avec l'excipient qui s'impose en démocratie. La souveraineté du sondage, qui donne le pas aux pieds de plomb et aux vues courtes – télé oblige – ne favorise pas, me diras-tu, des entreprises aussi herculéennes. La première Rome, ce fut sa chance, n'était pas, elle, gouvernée par l'arithmétique électorale et les crises de nerfs. Les Romains aimaient leur souverain sans s'aviser de le juger – mis à part la petite caste sénatoriale flairant le dessous des cartes. La haute politique se portait mieux quand personne ne parlait politique hors de l'enceinte affectée à cet effet, le Palais.

Quand il n'y avait ni cafés, ni journaux, ni élections, ni dîners en ville. L'opinion, c'est notre croix, d'accord, mais cela se travaille, on l'a prouvé, non ? Les choses iront donc plus lentement ici, mais il faudra bien que les États-Unis acceptent de n'être plus « d'Amérique », mais « d'Occident ». Et que les États de l'Union européenne, en contrepartie, acceptent de s'intégrer au titre d'États fédérés, dotés de compétences substantielles, mais à l'intérieur d'un seul ensemble transatlantique. Le statut de Puerto Rico, *Estado libre associado*, ou du Québec, province canadienne néanmoins dotée de la personnalité internationale, pouvant ici servir de maquette à petite échelle, car il n'y a pas à choisir entre épanouissement local et dynamique collective. Tu aurais bien tort de ricaner d'une utopie. Nous y allons tout droit, la seule incertitude est le quand et le comment. Pour vous, Européens, le plus tôt sera le mieux.

On ne peut pas extrapoler ? Le démon de l'analogie ? Soit. Il nous faut y travailler *mutatis mutandis*[1]. Notre leadership est choisi et décent. Fils du grand Septime Sévère, Caracalla était une brute qui a fait assassiner son propre frère avant de finir lui-même poignardé. Il ne savait que guerroyer. Il a fait mordre la poussière aux

1. « En changeant ce qui doit être changé. » *(N.d.T.)*

Alamans, nos Allemands, et aux Parthes, nos Perses. Il a annexé l'Osrhoène, et repoussé le limes jusqu'au Tigre, au cœur de l'Irak. Ce butor belliqueux n'en a pas moins pris le taureau par les cornes. Bush fils est un peu rustaud ? Personne, certes, ne songera à le placer, tel l'*Imperator*, au-dessus de la commune humanité. Aucune importance. L'avantage d'un Empire, intellectuel collectif qui soulève les imbéciles au-dessus d'eux-mêmes, c'est de pouvoir prospérer avec un crétin décoratif à sa tête. Les Hadrien, les Marc Aurèle sont toujours l'exception, mais depuis quand la figure de proue serait-elle chargée de propulser les navires de haut bord ? En démocratie, la Providence doit faire affaire avec des César péquenots. Des Jupiter en bretelles, QI limité, impropres aux honneurs divins. Somme toute, un progrès. S'il y a des minus, du moins n'y a-t-il pas d'assassins ni de violeurs à la Maison Blanche. Tricheurs, le cas échéant, mais non usurpateurs. La chefferie s'est automatisée, ou dépersonnalisée, aux limites du quelconque. Tant mieux pour nous. Notre Empire électif fonctionne à la fonction, non à la personne. Le président remplit son job ; il n'a – sauf charisme accidentel, Lincoln, Roosevelt ou Kennedy – que le prestige du poste. L'homme le plus puissant du monde, miracle du suffrage universel, peut être la simplicité même ;

le complexe, il y a des chambriers pour cela, et il a toujours recruté les meilleurs dans les *think-tanks* et les universités. Le *princeps* élu de l'Occident n'a pas deux corps à traîner comme les majestés d'antan, le transitoire qui naît et meurt et l'immortel qui lui survit. Ces hommes moyens touchent à l'extrême non par leur caractère, mais par leur outillage. Un voyageur de commerce, Truman, a pu, en baissant le pouce, décider de la mort, non d'un ou deux gladiateurs professionnels s'étripant sous son nez, mais de trois cent mille non-professionnels à l'autre bout du monde, à Hiroshima et à Nagasaki. La technologie rend encore plus sidérant l'éternel contraste entre la personne du décideur et la portée de ses décisions. Et puis, les médiocrités de couloir n'ont jamais nui au rayonnement mystérieux des pays marqués au front par une étoile. *Think local, act global*, et ne cherche pas à savoir comment on passe de l'un à l'autre. N'importe quelle Rome, vue des coulisses, a les ridicules de Clochemerle.

A ce propos, les fantasmes paranoïaques de vos anti-Américains provinciaux donnent vraiment envie de sourire. S'ils savaient, les jobards, le foutoir, le bazar qui règnent dans les sous-sols du Bien ! S'ils voyaient comment leur pieuvre aux cent tentacules – leur CIA omnisciente, leur Maison Blanche comploteuse... – libre de ses mouvements et planifiant chaque matin un énième *dirty trick* pour liquider un récalcitrant, est tirée à hue et à dia, soumise au bon vouloir du Congrès, diffuse, spasmodique, toujours en négociation avec trois lobbies contradictoires, une sous-commission rancunière et des administrations qui traînent les pieds ! Rien de moins machiavélien que ce gros scout maladroit. Le supposé vampire joue sa partie au coup par coup et oublie le lendemain ce qu'il a fait la veille. On le flatterait en lui prêtant de noirs desseins, lui qui ne veut que le bien de l'humanité – le meilleur moyen de mal faire, au demeurant (je le rêverais personnellement un peu plus pervers). Cessez, vous autres, de prêter à ce Gulliver empêtré, à ce pompier pyromane, des arrière-pensées, un acharnement, une longue vue dont il reste à le pourvoir, et ce ne sera pas facile. Singulier Léviathan qui, hier, n'a pas pu venir à bout de trois seigneurs de la guerre somaliens, empêcher un petit despote coréen de se mijoter la Bombe, ni ramener le calme au Congo après y avoir installé un roitelet. Et que vingt lunatiques téléguidés bien décidés à gagner le Paradis peuvent mettre positivement KO pendant vingt-quatre heures. C'est l'improvisation à quoi le mélange de nos défauts et qualités devrait pouvoir obvier. Le lion Amérique et le renard Europe en un beau monstre réuni, c'est le Prince tel qu'en lui-même, enfin, irrésistible Janus. Le sens du bien commun, de l'intérêt général, et même de l'*espace public*[1] (ce mot sans équivalent en anglais comme, je crois, en chinois ou en russe), qui mieux qu'un ex-jacobin *converso*, un marrane colbertiste (n'ébruite pas ce détail) pourrait en communiquer ici l'appétence ? Le Grec a l'art de la parole, le Scythe sait l'orfèvrerie, le Perse l'astronomie, et le Français comment inventer des taxes et des impôts. Chacun ses points forts. *Tu regere imperio populos, Romane, memento / Haec tibi erunt artes*[2]. »

*
* *

Le nouveau cadre international dont je t'entretiens exigera plus qu'une rectification de frontières, et dans une manip de ce genre, c'est bien connu, il faut être deux. Le plus récalcitrant à la fusion risque d'être le plus fort, convaincu qu'il a le plus à y perdre. Misons sur le temps, notre meilleur maître, pour lui dessiller les yeux. Mais gardons notre pensée de derrière et préparons-y nos interlocuteurs sans plus attendre. Je te concède que la sélection par le bas des politiques n'augure pas, à vue humaine,

1. En français dans le texte. *(N.d.T.)*
2. « Souviens-toi, Romain, qu'il te revient d'imposer aux peuples ton commandement... C'est ta spécialité à toi. » *Énéide*, VI. *(N.d.T.)*

un novateur hardi à la Maison Blanche, un Hadrien ou un Caracalla. Ce sera aux Européens de prendre les devants pour bousculer, mobiliser, réquisitionner les patrons en charge ici. Si le Bureau ovale devait s'entrouvrir un jour à l'un de vos fidéiscommissionnaires, ces présidents tournants de l'UE nommés pour six mois, j'imagine assez bien comment le Belge en fonction, ou le Néerlandais ou l'Italien, pourrait interpeller le *big boss*. L'argumentation est assez simple. Six points principaux. L'apostrophe d'un Européen qui voudrait transmettre un peu de la flamme de ses ancêtres à ses petits-enfants, au chef sans racines de notre civilisation, cela pourrait donner ceci :

1) Votre superpuissance n'est pas surfaite, Monsieur le Président, mais vos tâches sont surdimensionnées pour vos forces réelles, qui sont moindres que vous ne croyez, car trop sollicitées par leurs responsabilités permanentes. Votre « puissance dure » sera de mieux en mieux contournée à ras de terre, par le bas, comme le B-52 par le cutter et l'anthrax. Votre « puissance douce », votre capacité de faire en sorte que les autres veuillent ce que vous voulez, sera contournée dans l'espace par le haut, le satellite de diffusion directe, en diminuant votre pouvoir de filtrage ou d'attirance. Le monopole de l'information mondiale n'est pas éternel, vous avez vu Al Djezira, premier avertissement. Croyez-vous au demeurant que vos forces conventionnelles, vos armes intelligentes auront toujours la marge de supériorité requise pour mener de front les fameuses deux guerres conventionnelles de haut niveau, sans rapport avec vos descentes de police en Irak et en Yougoslavie ? Jusqu'à quand vous sera-t-il loisible de vous battre par indigènes interposés, ou par cinq mille mètres d'altitude ? Vous souffrez déjà de sur-extension. Vous ne pouvez pas couvrir seuls la planète des Kouriles à Panama, du Cap de Bonne-Espérance au détroit de Taïwan, des Balkans à la Terre de Feu. Pour l'heure, les coalitions militaires, c'est vous qui les formez. Et si l'initiative se renversait ? La Chine a intérêt aujourd'hui à vous emboîter le pas (le terrorisme, ou la subversion armée, quel État constitué n'est pas contre ?). Mais si elle trouvait demain son intérêt à s'allier avec un Islam durci, saoudien ou pakistanais, cette tenaille ferait peur à l'Europe, qui prendrait lâchement la tangente (ce ne serait pas la première fois). Plus d'Otan ni d'article V, chacun pour soi. Des concitoyens, cela y va de bon cœur. Des alliés, cela traîne les pieds. Vous n'êtes pas les seuls à devoir tenir compte de l'opinion intérieure. Notre opinion publique aussi peut lire une carte et faire une addition. Confucius + Allah, cela fait 70 % des réserves de pétrole et deux âmes sur quatre. Pour l'heure, vous fascinez, et donc on vous déteste. Mais demain ? L'équilibre des forces est en train de changer, entre nos continents. Il vous faudra bien un jour mettre des Pataugas à terre. Si votre mission planétaire vous échappe ou vous surpasse, pensez au moins à votre sécurité physique.

2) Vous mesurez encore mal le différentiel des pressions démographiques entre les barbares à sept enfants et les civilisés à enfant unique. Vous êtes-vous promené à Calcutta, à Istanbul, à Lagos ? Un être humain sur deux, là-bas, a moins de vingt et un ans. Les confins explosent, l'Euro-Amérique implose. En 1900, l'Occident représentait un tiers de la population mondiale, et en dominait la moitié grâce au système colonial et à l'illettrisme des indigènes. En 2025, l'Occident, ce sera un dixième de l'humanité, et les illettrés, cela risque d'être nous. Vous serez débordé, vous par les Hispanos, et nous par les Arabes. La maîtrise des hautes technologies va nous échapper, déjà la moitié des Indiens et les trois quarts des Chinois savent lire et écrire. L'Australie et la Nouvelle-Zélande, avec leur densité ridicule, servent d'aspirateurs au surpeuplement indonésien et autre. Les territoires que nous contrôlons sont en peau de chagrin : d'ici vingt ans, nous serons passés de la moitié au quart des terres émergées. Cela veut dire que les armées des nations les moins sûres, même sous-développées, seront toujours plus dangereuses, et celles des Blancs, toujours plus professionnelles, certes, mais en panne de recrutement et d'enthousiasme. Plus de chair à canon – et ce qui nous en reste n'est plus disposée au sacrifice, le vieux pro patria mori *ayant sombré dans le ridicule. Cet attachement aux biens de ce monde fait notre qualité de vie tant que votre supériorité en matériel vous permettra de pilonner bien à l'abri sans exposer vos boys au feu, mais la prolifération nucléaire y mettra un jour un terme. Si ce n'est pas le moment de mettre les chariots en cercle dans la prairie où les Indiens pointent des quatre coins, dites-moi quand il viendra.*

Vos nouveaux-venus et les nôtres ont des taux de fécondité élevés. Si nous nous regroupions dans une seule Fédération, nous pourrions, sinon surmonter notre marasme démographique, du moins tempérer un flux d'immigrés par un autre. Vous avez trop d'Hispanos, et nous, trop de Maghrébins et de Turcs. La langue espagnole et les intérêts, la culture latinos sont sous-représentés dans l'Europe à dominante germanique et anglo-saxonne. Ce déséquilibre est à notre détriment, car le centre de gravité chrétien a basculé vers le Sud. En 1939, les trois premiers pays de la Chrétienté étaient l'Allemagne, l'Italie et la France. En 2002, ce sont le Mexique, le Brésil et les Philippines. Vous en êtes plus proches, et nous, nous connaissons mieux vos ennemis. Vos idées sont trop simples pour l'Islam compliqué, faute de frontières communes et de souvenirs partagés, bons ou mauvais. On diabolise toujours ce qu'on ne connaît pas, d'où la maladresse de vos contre-offensives, le brouillon de vos alliances, le simplisme de vos analyses. Vous apporterez à la Fédération d'Occident vos millions de Mexicains et de Latinos, nous lui apporterons nos millions de Musulmans, et le croisement de nos ilotes nous rendra plus crédibles pour porter la parole planétaire. En faisant de notre État commun un microcosme réellement représentatif de la mosaïque humaine, la scène hors concours du dialogue des cultures.

Avantage collatéral qui ne saurait vous cacher l'essentiel : avec cette incorporation régénératrice, vous colmaterez les fissures ethniques qui vous font craindre, bien légitimement, d'avoir pour demain à contrôler un puzzle out of control. *Car l'intégration de l'Europe sera pour vous un retour aux sources, le renflouement des WASP's*[1]. *Ceux que vous recensez comme « Blancs non-hispaniques », vos propres bureaux, dois-je vous le rappeler, prévoient qu'en 2050 ils ne représenteront plus que 53 % de la population américaine face à 25 % d'Hispaniques, 14 % de Noirs et 8 % d'Asiatiques. L'arrivée parmi vous de deux ou trois cents millions d'Européens de souche, chrétiens au teint clair, héritiers de vos Pilgrim Fathers, serait de nature à corriger, à prévenir le dévoiement de vos valeurs fondatrices, à stabiliser votre identité perturbée. Au* XIXe *siècle, soixante millions d'Européens sont allés faire l'Amérique. De combien en aurez-vous besoin, au*

1. « White Anglo-Saxons Protestants. » *(N.d.T.)*

XXIe siècle, pour la refaire ? A vous d'en juger, mais rappelez vous cette increvable vérité : si le terreau impérial fait ouvrir mille fleurs, point trop n'en faut. Une nation éclate quand elle devient une cour du Roi Pétaud où plus personne ne sait qui peut dire le droit à qui.

3) L'économie n'est pas le tout de notre affaire, mais on ne peut surestimer l'effet exemplaire qu'aurait dans ce domaine le mixage de nos deux traditions. Il y a encore trop de public chez nous ; il y a trop de privé chez vous. Vous venez de voir, le 11 septembre, où vous a conduit la privatisation de la sécurité aérienne et la dérégulation du ciel (des contrôleurs à durée précaire et formés en trois mois, quel désordre cela fait d'un aéroport à l'autre). L'archéo-étatisme n'est plus possible. Le néo-libéralisme non plus. En croisant nos us et coutumes, nous ne ferons pas que mettre fin à d'absurdes guéguerres commerciales – du type surtaxes du foie gras contre boycott du bœuf aux hormones. Nous corrigerons l'une par l'autre nos présomptions et pesanteurs. Notre vieille superstition des aides de l'État-Providence tempérera votre culte excessif des libertés du marché. Entre le Big Business *et le* Big Government, *nous taillerons une voie médiane, optimale, l'autoroute du futur. Car les beaux jours sont passés, n'est-ce pas ? 49 % du PNB mondial en 1945, 23 % aujourd'hui. Un sérieux recul. Nous avons appris sur le tas (les Latins tout particulièrement) que l'on ne change pas l'économie par décret ; vous avez appris qu'on ne remplace pas le Bien commun par la culture d'entreprise. Nous vous rappellerons discrètement les vertus du dialogue social, des comités d'entreprise et des politiques de l'emploi. Vous rappellerez fermement aux maniaques de la subvention la nécessité des fusions et dégraissages. Cette émulation servira le consommateur, et la qualité de nos matériels. Boeing et Lockeed Martin rivaliseront pour racheter Dassault au meilleur prix, et ce magnifique bureau d'études pourra produire à moindre coût ses Falcon et son Rafale. L'aéronautique française, ou ce qu'il en reste, y trouvera ses avantages, et vous de même. L'Occident idéal de demain, notre œuvre commune, ce sera la productivité* plus *la redistribution. Croyez-vous pouvoir y arriver seuls, Monsieur le Président ?*

4) La culture est notre front de guerre quotidien. Ce n'est pas votre premier souci, je sais, et serai donc bref là-dessus. Vous n'êtes pas sans savoir – McDonald contre Djihad – quels alibis votre industrie du spectacle donne à nos envieux professionnels. Beaucoup d'Européens, et quelques maniérés des confins, qui vivent sur la lune, s'obstinent à voir une sous-culture dans votre super-business. Vous auriez intérêt à déminer, décontaminer autant que faire se peut l'Industrial-Military Entertainment Complex, *car ce Moloch de celluloïd, de pixels et de bits donne autant de frayeurs à ceux qu'il envoûte que de plaisirs à ceux qui s'en plaignent : nivellement par le bas, vulgarité globale, malbouffe, chewing-gum des yeux..., vous connaissez ces calomnies. Notre contribution à part entière vous donnera un label de qualité qui clouera le bec des rétrogrades. La globalisation ne pourra plus s'appeler américanisation – ce qu'elle a été par certains côtés, admettons-le. Le hamburger + le chateaubriand, le soap-opéra + Visconti, le Coca + Château-Pétrus, Disneyland + Oxford, le rock + Boulez, cette addition quantité + qualité vous permettrait de l'emporter simultanément sur deux fronts : le droit au bonheur et l'élévation de l'esprit. Le jean et la coupe italienne, le grand public et le raffinement, les gros budgets et les salles d'art et d'essai. Qui oserait, dès lors, parler d'asservissement, d'abêtissement ou de conditionnement ? Notre culture commune ne sera plus synonyme de matérialisme et d'exhibitionnisme – ce qu'elle est aux yeux de nombreux musulmans –, mais de culture tout court, du haut en bas de la gamme. La marchandise correspondra à l'étiquette. L'Occident malade de l'Amérique, disent les grincheux. Répondez-leur : l'Amérique guérie par l'Occident. Seuls, vous êtes incontournables. Ensemble, nous serons* irréprochables. *J'ajoute que vous trouverez dans nos milieux intellectuels et artistiques, particulièrement en France et en Italie, un loyalisme, une fidélité enthousiaste au drapeau étoilé auxquels vos campus ne vous ont plus habitué.*

5) Une mosaïque de communautés appelle des statuts diversifiés, mais il vous faut parer à la dégénérescence des institutions fédérales dans les « États-Désunis ». Aussi paradoxal que cela puisse vous paraître, la promotion des élites de la périphérie servira la cause d'un pouvoir fort grâce à l'apport d'experts en réglementation – je pense aux Français cartésiens en particulier – rompus aux rouages et astreintes de l'État unitaire. Ces vieux routiers de la mise en plis sauront réduire la pagaille, et rééquilibrer au profit de l'exécutif le surpoids des groupes d'intérêt. Pour l'heure, vous avez dix fois plus d'emprise sur vos alliés que sur vos lobbies. Ce n'est pas sain. Nous vous aiderons à reprendre les rênes en suscitant, avec nos compétences en droit administratif, un acteur central un peu plus rationnel et qui sait ce qu'il veut. On peut être inquiet, à cet égard, de voir les empiètements de vos commandants régionaux, les redoutables CINC's[1]*, par rapport à vos ambassadeurs du State Department, sans argent et sans moyens. Quand on va jusqu'à privatiser les fonctions diplomatiques et à confier à des fondations les programmes d'assistance et de développement, ne*

1. CINC's : Commanders in Chief. On en compte quatre en temps ordinaire, selon les secteurs géographiques : Central, Pacifique, Sud et Europe. *(N.d.T.)*

vous étonnez pas que vos généraux soient surnommés KinC's aux quatre coins du monde. Votre État n'est plus tenu. Craignez de voir vos chefs de légions, prétoriens sourds à la plainte des colons dédaignés comme aux rancœurs des auxiliaires, poser aux proconsuls et se disputer dans cent ans les dépouilles de l'Occident. Le Président est un Commander in chief *qui ne dispose de presque pas de troupes sur son territoire national (c'était déjà le cas de l'*Imperator *dans une Italie quasiment dégarnie de légionnaires, forteresse vidée de ses défenseurs naturels. Il devait s'en remettre au bon vouloir des armées provinciales pour faire exécuter ses décisions). Il en coûtera sans doute à vos CINC's ombrageux de voir abolie la séparation entre forces US et forces d'appoint. Ils devront concéder sur des théâtres extérieurs des commandements stratégiques à des officiers généraux qu'ils traitaient jusqu'ici – britanniques exceptés – par-dessous la jambe. Vos alliés rechignent déjà à payer leur contribution militaire sans contrepartie politique (puisqu'ils exécutent sans participer aux décisions). Intégrés, ils n'auront plus de ces réticences, vos intérêts nationaux seront les leurs, et vice-versa. Pensez à tout ce que votre système de défense gagnera en échange : de nouvelles recrues galvanisées, des cadres motivés, des états-majors ragaillardis par le contact direct avec les chefs, plus royalistes que le roi. Au lieu de « prendre une part* *active aux côtés des États-Unis », selon l'expression consacrée, ils seront enfin au centre, non avec et derrière, mais dans et devant. Vous me direz : pourquoi payer pour avoir ce que j'ai déjà gratuitement ? Parce que primo, une subordination par hypnose est toujours moins sûre qu'une implication franche et légale, et segundo, l'actuel « partage du fardeau » vous en laisse le plus gros, et vos larges épaules ont leurs limites. Vous pourrez enfin, avec de nouveaux contribuables, non plus « externaliser », mais répartir sur l'ensemble de vos ressortissants les coûts de cet immense appareil militaire, distribué sur dix mille kilomètres de frontières, et qui représentent déjà 40 % de votre budget fédéral. Viendra un moment (à Rome, ce fut le* III*e* *siècle de notre ère) où ces dépenses excéderont aux yeux de votre opinion intérieure les limites du supportable et les capacités du fisc. Si vous n'élargissez pas l'assiette de l'impôt direct, qu'allez-vous répondre, dans trente ans d'ici, aux myopes et aux frileux – et ils sont déjà nombreux – qui veulent se désengager du ROW pour sauver « le dollar en trop », aux démagogues qui disent ne plus vouloir prendre l'argent aux pauvres des pays riches pour le donner aux riches des pays pauvres ? Accorder la citoyenneté à vos plus vieux alliés, c'est les responsabiliser, eux, et prévenir chez vous les sirènes du repli isolationniste, fût-il agressif. C'est aussi amortir l'impact de récessions toujours* *possibles (l'expansion des dix dernières années fut exceptionnelle), par des économies d'échelle et de gamme. Plus besoin, quand on est entre soi, de chercher le renseignement économique par des moyens illégaux. Plus besoin d'Échelon, ni de systèmes d'écoute : notre balance commerciale sera la même. Gardons plutôt nos ressources pour nous tourner vers l'ennemi commun !*

6) Permettez-moi d'anticiper sur votre plus gros souci, Monsieur le Président. « L'Amérique aux Américains ! » Vos autochtones, avouons-le, devront perdre une partie de leurs prérogatives. Pas d'expansion territoriale sans perte de privilèges acquis, et sans que les « nationaux » dénoncent l'« invasion des allogènes ». Outre qu'on pourra toujours trouver des formules d'association ad hoc*, prenons conseil du présent avant de nous inquiéter de l'avenir. Vos analystes disent qu'Israël est déjà le 51e État de l'Union, Taïwan le 52e, la Turquie elle-même, si populeuse, le 53e, et le Middle West n'y trouve rien à redire. Ces adjonctions, de fait, vous auraient-elles affaibli ? Auraient-elles nui à vos libertés ? Ne pas laisser les étrangers pervertir votre démocratie a toujours été votre légitime réflexe à chaque afflux de sang nouveau. Mais qui est l'étranger ? Il n'y a pas plus de différences entre un cadre sup américain et son homologue européen qu'il y en a chez vous entre un républicain et un démocrate. En cas de crise, ce* *sont d'abord des Américains, comme nous serons d'abord, quel que soit notre état-civil, des Occidentaux. Une campagne de communication prolongée devra certes amadouer les rétifs : Justice infinie, nouvelle frontière, Amérique en marche, l'aventure continue, bonheur sans limites ! Nous la cofinancerons. On fera valoir auprès de vos compatriotes les plus méfiants les dividendes à espérer de cet apport d'argent frais au budget fédéral. Le doublement démographique, l'élargissement de l'américanité comme jadis de la romanité, redoubleront la gloire de leur pays et sa puissance protectrice. Ils donneront à leur* home *une profondeur stratégique rassurante en repoussant les ennemis d'un ou deux crans derrière un cordon d'États-tampons. Ils verront s'étendre le champ d'application du droit anglo-saxon jusqu'aux frontières de la Russie, aux rives de l'Afrique. Il y aura, il est vrai, une contrepartie : le droit de concourir à la fonction suprême, qui va avec le droit de vote. Je ne voudrais pas être cuistre, mais l'un de vos prédécesseurs, et non des moindres, l'ami des colonnes, le vainqueur des Parthes, l'Empereur Trajan, qui repoussa le limes jusqu'au golfe Persique, était un étranger, Espagnol de naissance ; Septime-Sévère, qui parlait le punique et le syriaque, n'était qu'un Tunisien ; et Dioclétien, un pauvre Dalmate (Croate, dirions-nous). Vos arrière-petits-enfants éliront des présidents nés au Mexique, au Danemark et pourquoi pas en France. Rassurez-vous : ils seront dûment élus et proclamés à Washington DC (ce qui ne fut pas toujours le cas des empereurs électifs sortis du sein des légions, le corps d'élite du prétoire réservé aux Italiens). Rome ne fut pas toujours dans Rome. Il arriva plus d'une fois, sous les Antonins, ces grands itinérants, que le staff et les archives suivent le* number one *dans ses tribulations. Marc Aurèle dirigeait les affaires depuis le Rhin ou le Danube. Un État volant, pourquoi pas ? Et pourquoi pas, un jour, ne pas installer l'*Urbs *sur une « marche » ? Constantin a bien déplacé sa capitale sur le Bosphore, une friche excentrique. Décentration géniale qui en finissait avec l'idée et la sensation de l'encerclement. Le centre sur la circonférence : ce coup de dés devait donner mille ans de vie supplémentaire à la première en date de nos sociétés multiculturelles. Western United States, capitale Ankara, Honolulu ou Messine... Mais ne rêvons pas plus vite que la musique. Pour le siècle à venir, nous Européens pouvons nous y engager formellement : Washington restera sur le Potomac. Toute idée de condominium serait contre-productive. Pas d'aigle bicéphale sous un vent de force 7. Deux César sur une même brèche, on sait où cela conduit.*

Voilà, c'est pour toutes ces raisons objectives, pondérées et prévisionnelles, ici trop brièvement résumées, cher et grand leader, que nous vous demandons le droit de Cité. Pas la green card, *le passeport. Ne levez pas les bras au ciel. Réfléchissez avant de secouer la tête. Je vous laisse un mémo, vos conseillers pourront le passer au crible. C'est du sérieux. Mon successeur, dans six mois, viendra pour la réponse. Mes respects, Monsieur le Président.*

Au plus bas de l'échelle, il faut le prendre de haut. Je veux croire que votre plénipotentiaire, le jour venu, aura la hauteur nécessaire. Je t'ai broché l'argumentaire à la va-vite, et le style « khâgneux » qui me reprend dès que je veux hausser le ton par écrit, mélange d'arrogance et de persiflage, n'est pas du meilleur effet. Ma carrière en a pâti. Puisse votre avocat, mieux inspiré, allier, comme le veut l'époque, le *cool* et le *straight*[1].

*
* *

Et maintenant, à nous deux, le Vieux Monde ! Les *go-between* n'ont pas la tâche facile, on doit convaincre à bâbord et tribord, plaider entre deux chaises. Ah, qu'il ferait bon retourner ses batteries ! Si j'en avais l'aubaine, j'aimerais pouvoir haranguer un président de la Commission européenne. Pour le persuader

1. En italique dans le texte. *(N.d.T.)*

d'accélérer le mouvement. Rassure-toi. Je n'oublierais pas, avec cet éminent zéro, de prendre des gants. Outre que les hiérarques rive Est ont la peau plus sensible, j'ai bien conscience qu'un tartempion qui vous propose de doubler votre surface habitable est toujours mieux reçu que s'il vous proposait de « casser la baraque » pour en édifier une autre à la place. Personnellement, voici comment je m'y prendrais :

Cher ami, ne vous mettez pas martel en tête. Vous n'êtes qu'un agent d'exécution, et cette cause vous dépasse. On ne vous demande qu'un paraphe en bas de page, le coup est parti depuis longtemps. 1925, l'année où Valéry, qui ne se trompait jamais sur le cours secret des choses, écrivait : « L'Europe aspire visiblement à être gouvernée par une commission américaine. » Les nations européennes ont cédé à l'Amérique les droits moraux qu'elles détenaient jusqu'en 1940 sur le reste de l'humanité, et elles n'en récupéreront le bénéfice que si elles acceptent ouvertement la nationalité du nouveau concessionnaire (avant 2040, si possible). Allez, ne faites pas l'ahuri. Les deux courants d'opinion qui, à gauche et à droite, ont le plus poussé à la roue de l'Europe fédérale, depuis la dernière guerre, ont toujours été les plus « atlantistes », prenant fait et cause pour toutes nos croisades[1]*. Le processus est largement entamé. On a la nationalité de sa langue, vous pensez et ne parlez plus qu'anglais entre vous, à la Commission et dans vos Sommets. Comme le général Morillon en Bosnie, tout Français qu'il fût, et quoique l'ONU eût officiellement deux langues de travail, dont la sienne. Les États-Unis sont déjà officiellement, à vos yeux et par traité, une puissance européenne. Ils siègent* es qualités, *avec le Canada, à l'Organisation sur la sécurité et la coopération en Europe (l'OSCE) ; mieux, ils la contrôlent. L'Otan constitue (à votre échelon local) votre seule structure de défense fonctionnelle. Ouvrez les yeux. Vos velléités de contrepoids en matière militaire se sont évanouies dans la nature les unes après les autres. Qui parle encore de l'UEO et de ses « Chartes de sécurité » ? De l'OAEO ? Du FRUEO ? De l'Eurofor et des « Gymnich » ? De la Cellule de planification, du Conseil de défense franco-allemand et du Conseil de sécurité européen, objets d'innom-*

1. Xavier de C*** fait sans doute allusion ici aux deux mouvances partisanes, la social-démocrate et la démo-chrétienne, qui se partagent à parts égales les bancs de l'Assemblée de Strasbourg, et dont le moins qu'on puisse dire, en effet, est qu'elles n'ont jamais ménagé leur soutien à la politique étrangère de nos libérateurs. Il aurait pu y ajouter une troisième composante, plus efficace parce que trans-courants et culturelle, servant de suc gastrique à l'assimilation en cours : la mouvance dite post-moderne se réclamant de l'avant-garde, pour laquelle tout ce qui n'est pas modélisé ou labélisé outre-Atlantique se voit qualifié de « moisi », « franchouillard » ou « fasciste ». Dominant en France et ailleurs la quasi-totalité des rédactions, elle fixe la norme du tolérable et de l'insupportable, du majeur et du minable. *(N.d.T.)*

brables rapports et délibérations tatillonnes ? Ou du deuxième pilier de l'Alliance ? Ah, la « Force européenne de réaction rapide » ! Quel don pour les libellés ! Potiches, postiches qui s'envolent dès que les choses tournent au vinaigre et qu'il faut payer comptant, en troupes et en transporteurs de troupes. Ces fantômes bureaucratiques étaient là pour l'amour-propre. Le vôtre, apparemment, n'a rien d'excessif : vous avez été prendre le secrétaire général de l'Otan, un loyal subordonné, pour en faire votre Monsieur Défense et Sécurité. Preuve que vous ne vous faites pas beaucoup d'illusions sur vos marges de manœuvre. Quand le mur de Berlin s'est écroulé, en 1989, si vous aviez eu un peu confiance en vous, vous auriez pris acte que le Traité de l'Atlantique nord, pacte défensif signé, en 1949, au moment du blocus de Berlin par l'Union soviétique, n'avait plus d'objet. Proprement caduc. Vous avez préféré faire l'autruche. Au moins, en devenant une composante à part entière des États-Unis d'Occident, vous oserez demander au primus inter pares *d'appliquer la réciproque : qu'il vous reconnaisse comme des fragments d'Amérique en souffrance et aspirant à l'homologation. Votre dépôt de candidature lui prouvera la sincérité de vos intentions.*

Le cœur y est déjà, et c'est le gros de l'affaire. Le reste s'ensuit. Qui ne bâtit pas sur des rêves, en politique, bâtit sur du sable. Dans le Vieux Monde, l'Amérique est rêvée, l'Europe est subie. L'Union européenne n'a pas de personnalité juridique (elle ne peut pas contracter avec des tiers) parce qu'elle n'est pas un organisme, mais un organigramme. La méthode des petits pas propre à l'Europe cachottière est bonne quand on va de l'émotionnel au juridique, de bas en haut, à petites touches contagieuses. Quid leges sine moribus[1] ? *L'histoire ne connaît pas de mutations brusques. Elle progresse en crabe. L'édit de Caracalla lui-même couronnait d'insensibles et minuscules habitudes. La citoyenneté était déjà concédée de loin en loin aux vétérans de l'armée, aux notables et intellectuels grecs ou orientaux, distingués par les empereurs, et en bloc à des villes. Il en ira de même avec le prochain. Le* Happy birthday to you *a partout supplanté votre « Bon anniversaire, nos vœux les plus sincères », tout comme Harry Potter, le Petit Prince, et Mickey, Spirou (si j'en crois mes petits-neveux). L'américanité est un fait acquis, la citoyenneté transatlantique un droit à conquérir, et la seconde viendra couronner la première, comme un toit se pose sur les murs d'une maison qui s'élève jour après jour, et qu'on ne voit pas plus pousser que l'herbe dans un pré. Aucun transfert de souveraineté décidé par un traité et dûment ratifié ne vaut, ne tient, ne résiste aux intempéries s'il ne s'accompagne d'un transfert instinctif de loyauté – visuelle, musicale, nutritive et physiologique..., car on ne*

1. « Que peuvent des lois sans les mœurs correspondantes ? » *(N.d.T.)*

défend vraiment que ce avec quoi on fait corps. Pour les corps d'Europe, à commencer par les plus jeunes (les choses se gâtent au-delà de la cinquantaine), le biotope est américain, même et surtout si les corps sont russes, tchèques ou polonais. Le beat, *le* spot, *le* ketchup *et le* pop-corn *au ciné. Miles Davis, Clint Eastwood, Madonna, Salinger, Rawls. Les modèles d'identification, comme disent les psy. La question « désir et appétit » est réglée. Votre incorrigible galimatias, vos débats aussi sophistiqués qu'hermétiques autour de l'« architecture des pouvoirs » le disent assez : chez vous, il y a une réflexion européenne, mais il y a un réflexe Amérique. Et la première est impuissante face au second. Un groupe de réflexion aura beau réunir les meilleurs esprits, il ne peut s'adjoindre sur commande un réflexe populaire à défaut duquel il cisèlera des cocottes en papier. En revanche, quand le réflexe est déjà là, les groupes d'experts en droit public peuvent peaufiner par-dessus : ils n'expertiseront pas en vain. Un vote du Parlement européen pourra toujours adopter une énième procédure de contrôle, et un référendum avec 70 % d'abstentionnistes « décider » la naissance d'une Fédération d'États-nations (joli cercle carré). Ce mammouth sous perfusion repeint bleu Europe (ce bleu virginal et délavé où le rouge-sang n'a pas sa place), continuera de s'alimenter, en intraveineuse, aux cathéters de l'image et du son américains. Et c'est bien pourquoi l'Europe-puissance dont nous* *fûmes quelques-uns à rêver, celle qui aurait relayé le vieux royaume de France pour venir embêter le monde, n'aura été qu'une parade d'orphelins inconsolés. On peut se faire une raison, non du mouron inutilement. « Si c'était à refaire, je commencerais par la culture », disait Jean Monnet. Trop tard. C'est déjà fait. Non par vous, mais par l'Oncle Sam qui, lui, a commencé par le bon bout. Acculturation, socialisation, naturalisation : tel est l'enchaînement des séquences qui fait pousser un nouvel État sur un humus favorable. Chaque saison prépare l'autre, et y conduit sans violence. L'*irréalisme *du forçage européen, ingouvernable machin, lui vient d'avoir mis la jurisprudence avant la musique, le lait de vache avant celui du rêve, l'euro avant l'écran. Les moquettes avant le parquet. L'idée avant la chair. Les saisons à l'envers.*

Somme toute, vous avez péché par excès d'intelligence. L'État européen a fait l'objet de cent discours compliqués, plans et projets alambiqués, mais il ne quittera pas la planche à dessin. La Fédération euro-américaine n'excite aucun publiciste, ne donne lieu à aucun rapport, aucune empoignade publique, aucun forum ou défilé de mode constitutionnel, mais elle est déjà entrée dans la vie sans crier gare. Pensez, cher Président, à tout ce que doit apprendre l'homme de la rue pour devenir un bon citoyen européen : le plan d'une usine à gaz (Commission, Conseil, Parlement,

Cour de justice, Comités politiques, les dizaines d'organes communautaires, les dix-sept procédures décisionnelles), une liste de quarante sigles et acronymes, plus la dernière clé des montants compensatoires. Recyclage annuel obligatoire. Le bon Européen doit être bac plus 5 ; le bon Américain, un chic type qui regarde sa télé – drapeau, Bourse et météo. La citoyenneté américaine représentera pour vos ressortissants une économie d'efforts intellectuels. Ils n'auront plus à s'informer chaque mois sur les dernières directives 94/95/XB/C32. Leur vie quotidienne en sera simplifiée. Tous les tuyaux de réalité sensible convergent vers – ou partent de – New York ou Atlanta, non Bruxelles ou Francfort. « Europe, ma patrie » ? Un sentiment d'appartenance n'est pas créé par une monnaie. Car l'euro, me direz-vous, c'est de l'Europe au quotidien, sonnante et trébuchante. J'ai peur pour vous que ce ne soit qu'une commodité de paiement, un artifice provisoire en attendant le dollar pour tous, votre future et véritable monnaie commune. Et je ne vois pas qu'une monnaie de compte puisse engendrer à elle seule une collectivité autonome (n'est-ce pas mettre la charrue avant les bœufs ?). Vous fabriquez donc des billets et des multitudes de comités, fort bien. Mais, en métropole, on fait moins et mieux : on produit de la civilisation, on construit jour après jour vos phares et vos balises. Vos Bourses sont réglées sur Wall Street, votre euro sur le dollar, vos banquiers sur

Alan Greenspan, vos revues scientifiques sur Nature *ou* Science, *vos* reality-shows *et autres* prime time *sur nos* sitcom, *vos meilleurs magazines sur nos* news, *et vos critiques sur la* New York Review of Books. *Quelle légitimité fabriquez-vous, en dehors du frometon et des foulards Hermès ? Vos cadres, vos outils, vos tics de langage, tels « la communauté internationale » (qui a remplacé notre vieux « système international », plus exact mais moins chaleureux), ou « la gouvernance » (au lieu de gouvernement et direction), dont vous faites vos mots fétiches, sont tous importés d'ici, avec un sens sous-jacent bien précis, que vous gobez d'une mine réjouie. Vos futurs* leaders *et* managers, *tels les Colombiens et les Thaïlandais, sont formés par nos* business schools. *Quant à vos candidats présidentiels, ils savent bien qu'ils ne seront pas crédibles aux yeux de leurs télécteurs tant qu'ils ne se seront pas fait filmer aux côtés du* Commander in chief, *dans son bureau ou, mieux, au coin du feu, en vieux amis. Les moins chanceux se rabattent sur Paul Newman, ou une visite à Disneyland. Quel autre pays, depuis quinze siècles, a-t-il pu donner une patrie commune à toutes les jeunesses de la planète, les dorées comme les paumées ? Nous sommes tous Américains comme nous respirons, y compris et surtout les anti-Américains, de banlieue ou de centre-ville. Pour le bien comme pour le mal, la fascination est universelle. Thomas Jefferson, troisième président des USA, qui fut le ministre de son pays à Paris juste après Franklin, avait coutume de dire que pour tout homme civilisé, le premier pays est sa patrie, et le second, la France. La donne s'est inversée. Aujourd'hui, la terre des GI's, nos libérateurs de 44, est la première patrie du jeune cadre français, allemand ou italien. L'Allemagne et la France, nous dit-on, seraient les deux piliers d'une Europe en « gestation » (en décomposition, mais chut !). Ces voisins ne connaissent l'un de l'autre que leurs produits, leurs idées et leurs œuvres agréées outre-Atlantique. Et comme on parle de moins en moins la langue de l'autre, les deux communiquent dans la* lingua franca *du tiers unificateur, que les Français bafouillent et les Allemands maîtrisent. Vous avez sans doute observé qu'il n'y a plus d'échanges intellectuels directs franco-allemands comme il en existait en 1930. Les voies de circulation passent par les States, puisqu'ils fixent les critères et les normes en matière de droit, de beauté, de finances, d'intelligence et de justice. Gastronomie à part, les certificats d'originalité ou de bonne conduite se délivrent ici – qu'il s'agisse de vos téléphones, de vos films ou de vos gouvernements. Il serait temps que vos pleureuses, vos songe-creux de l'« Europe différente » aillent flâner sur les grands boulevards. Ce n'est pas le piétinement sourd des marines en marche, c'est le roller compresseur qui a déjà laminé leurs grandes espérances. A ma dernière incursion parisienne, vers dix heures du soir, place de la Bastille, j'ai vu par mon pare-brise défiler l'esprit du monde sur des roulettes de caoutchouc. Un long cortège de milliers de jeunes glissait dans un silence recueilli au milieu du boulevard, cortège compact et conquérant, encadré par un service d'ordre lui aussi en rollers, repérable au mot* Staff *inscrit en fluo dans son dos. Le tout précédé et suivi de voitures « police nationale » pour faire place nette des indigènes sur la chaussée et les trottoirs. La plupart de ces fonceurs extatiques et graves arboraient le drapeau américain sur leur tee-shirt. Un bon signe : l'Américain se reconnaît à la fierté qu'il a d'arborer partout ses couleurs. A-t-on jamais vu, au fait, des habitants de Hambourg, Lyon ou Séville sortir le drapeau bleu étoilé, un soir de liesse ou de deuil ? L'Européen moyen n'est pas fier de l'Europe, son orgueil est ailleurs. Demande-leur, à ces yuppies en pantalon baggie, s'ils ont besoin d'un référendum pour faire pleinement leur le droit au bonheur, dont cette glisse nocturne et triomphante leur sert chaque semaine d'avant-goût ou de caution. Inutile de protester. Le bonheur était français au* XVIII*e, il est américain depuis le* XX*e. Votre passeport est UE ; la libido est US. La compassion aussi. Aussi loin que remonte la mémoire civique, la minute de silence a toujours été réservée aux héros, aux martyrs de la Cité. C'est la première fois dans l'Histoire, le saviez-vous, que le peuple français a observé, voici peu, trois minutes de* *silence pour des victimes étrangères. Et pas précisément rwandaises, irakiennes ou guatémaltèques. Pour une simple raison : c'est à vous-mêmes que vous êtes sans le savoir étrangers. Vos peines sont devenues aussi impériales que vos plaisirs. CQFD.*

Pas de jérémiades : il y aura toujours plusieurs façons d'être Euro-Américain. Le principe de subsidiarité jouera à plein. Vous garderez vos particularismes. La peine de mort a été abolie en Europe ? Elle l'est aussi dans le Wisconsin et l'Iowa. La Maison Blanche n'y peut rien. Charbonnier est maître chez soi. Tout empire est une mosaïque de bizarreries. Quant aux projets de carrière, rien de changé. On pourra être le second à Washington, voire siéger en bonne place au Western Security Council (comme s'appellera demain l'actuel NSC) et rester le premier en Wallonie, Paca ou Émilie-Romagne. La juxtaposition d'États différents sous une même autorité fédérale n'a jamais empêché les saines compétitions locales. Bien mieux : ainsi fédérés, les Européens dépolitisés pourront enfin refaire de la politique. Dans votre simili-union, les lieux de pouvoir réel – banque centrale, commission, directions générales, etc... – ne sont pas démocratiques, et les lieux où s'exerce encore la démocratie n'ont plus réellement de pouvoir. Vous appelez cela du despotisme éclairé. Vos prétendus citoyens élisent des députés, des sénateurs, des présidents ou des Premiers ministres qui n'ont plus prise sur rien ou quasiment. Faute de quoi *ils font de la communication, diversion limitée. Vos cheffaillons issus du suffrage universel, devenu en réalité censitaire (les pauvres s'abstiennent), gesticulent sur une scène de faux-semblants. La guerre et la paix, les normes de droit, la politique commerciale, les grands choix technologiques, le budget, la monnaie leur échappent. On comprend qu'ils aient le cafard. En élisant directement le Président des WUS (*Western United States*), que nous traduirons en vernaculaire par EUO (États-Unis occidentaux), les Européens intégrés pourront enfin exercer une certaine influence sur ce qui leur arrive. Peut-être même retrouveront-ils le sentiment d'avoir, en tant que collectivité, une destinée manifeste ici-bas. Les écrans 3D, mieux que les vitraux, leur donneront une ration minimale de légendes, à défaut de quoi les peuples meurent de froid, et nous aurons enfin les mêmes fêtes nationales entre Français, Allemands et British. Pouvoir célébrer en commun une victoire qui ne soit pas la défaite du voisin, c'est important pour la cohésion.*

Vos élus au Sénat et à la Chambre des représentants rallieront une opposition ou une majorité claires, clivage rassurant qui n'existe pas dans vos comités Théodule, vos cours de justice ou les mystérieuses instances régulatrices qui vous gouvernent on ne sait d'où ni comment. Vous pourrez délibérer, censurer, choisir. Vous aurez plus de transparence et moins de corruption. En sachant qui sanctionner et comment, le cas où. Vos hommes d'influence divagueront dans des journaux qui comptent et circulent dans toutes les capitales (le Herald Tribune *est déjà le seul journal paneuropéen). Vous aurez accès aux véritables décideurs. Votre vote pèsera sur le fléau de la balance. La levée des ambiguïtés, vous verrez, sera une bouffée d'oxygène. Le soulagement qu'on ressent quand on tâtonne dans le noir et trouve enfin le bon interrupteur ! C'en sera fini de la tartufferie, du mal-être que je sens depuis des années chez tant d'anciens collègues, diplomates, politiques ou militaires, tiraillés comme ils sont entre des contraintes réelles dont ils n'osent parler, et des dilemmes de façade aux enjeux irréels (voter pour Tartemuche ou bien pour Tartemolle). Le fond correspondra aux formes, l'efficacité à la démocratie. La fin des simagrées, la sortie du théâtre.*

En attendant, ne crachez pas trop sur l'unilatéralisme, l'arrogance, l'égoïsme national des Américains, – votre sport préféré. Vous serez bien contents d'en bénéficier, le moment venu. Heureusement qu'il existe encore en ce bas monde un pays souverain ! Car personne ne conteste la souveraineté de cette nation, et moins que quiconque ceux qui, non sans raison, brocardent chez vous le souverainisme. L'Amérique est une communauté autonome. Elle n'est subordonnée à rien d'autre qu'à son bon vouloir et à ses intérêts. C'était rêver de croire qu'on pouvait freiner, ligoter ce géant maladroit par le droit international et les organisations transfrontières, au nom d'une imaginaire sécurité collective. Le verbiage supranational, ça ne marche que dans les limites qui nous semblent nationalement intéressantes ou opportunes. L'ONU, ici, soit on l'instrumentalise, soit on passe outre. Pas besoin de l'aval du Conseil de sécurité pour bombarder l'Irak ou le Panama. Ni du Tribunal pénal international pour juger nos bandits de grand chemin. Nous usons des UN en tant que de besoin, et ne venez pas vous plaindre de l'absence de démocratie dans cette enceinte. Au vrai, Français et Britanniques auraient-ils leur place de membre permanent dans notre chambre d'enregistrement internationale si on y respectait les règles de la proportionnelle ? Et l'Inde ? le Nigeria ? l'Allemagne ? Le 19 novembre 1996, le Conseil de sécurité a voté pour la réélection de Boutros-Ghali au poste de Secrétaire général à quatorze voix contre une, celle des États-Unis. Quinze jours plus tard, c'était notre candidat qui était élu. Un contre quatorze. Voilà du travail bien fait (le travail des cent soixante-huit représentations à l'ONU consiste à préserver de bonnes relations avec la cent soixante neuvième, me disait Pierre Schori, le représentant suédois). D'ailleurs, nous conditionnons le versement de notre cotisation à l'ONU aux réformes que nous lui « suggérons » d'opérer en son sein. Vous soupirez que l'administration américaine ne respecte pas sa signature – Kyoto, les mines antipersonnel, le droit de la mer, etc. Plaignez-vous. Vous ne serez pas mécontents, demain, que le dernier pays dans lequel une loi fédérale postérieure à un traité l'emporte sur ce dernier, puisse vous prêter main-forte. Les USA ont gardé, par chance, le pouvoir de se faire justice eux-mêmes, avec ou sans la bénédiction de la conscience universelle. Multilateral when we can, unilateral when we must. *Il dépend de vous que cette chance devienne la vôtre dans cet État à une tête et deux bras à travers lequel vos nostalgiques pourront enfin satisfaire leurs requêtes de grandeur. Si l'Occident fait son unité politique, alors seulement l'Europe aura les moyens de dire quelque chose au monde, et, ce qui est encore mieux, de s'en faire écouter.*

Oui, l'Amérique donne à ses enfants une deuxième chance. Puisse l'Europe en profiter, elle qui n'en donne qu'une seule aux siens, et a laissé passer la sienne au moment de la guerre froide. Pendant le demi-siècle où deux blocs se faisaient face, l'entre-deux, le juste milieu entre Est et Ouest, capitalisme sec et communisme dur, avait un sens. Il n'en a plus. L'époque n'a plus besoin de médiateur à la de Gaulle, entre deux exagérations. Aussi la question de savoir lequel de vos politiciens locaux va présider la énième convention chargée de préparer la énième réforme des institutions européennes n'intéresse que votre foire aux vanités. Ce qui nous manque, pour l'heure, c'est un Comité ad hoc *de coordination des Mouvements pour l'Unité occidentale. Une coalition des élites, pour une fois en phase avec le sentiment de la rue, pour vous débarrasser du carcan euro-fédéral, l'ultime alibi des frileux et des pusillanimes. Vous êtes la jante de la roue Occident. Devenez-en un rayon, au moins toucherez-vous au moyeu. Au nom de quoi, d'ailleurs, feriez-vous route à part ? Montrez-moi une seule valeur, un seul idéal dont se réclame l'Européen dans ses discours, que l'Amérique n'ait assumé dans la pratique. La paix ? Les deux guerres mondiales sont venues d'Europe, et c'est l'Amérique qui a ramené la paix – y compris, dernièrement, entre vos diverses tribus balkaniques. La démocratie ? Ici, la communauté élit jusqu'aux juges et aux shérifs. Le* New deal *? L'égalité par la redistribution ? On se dit libéral, mais, au pied du mur, on est finalement plus keynésien que vos socialistes. Votre Banque centrale européenne échappe à tout contrôle populaire, alors qu'ici la* Federal Reserve *doit présenter un rapport annuel au Congrès. Le capitalisme financier a les coudées plus franches chez vous que chez nous. Cessez de vous leurrer avec l'opium de la « troisième voie ». Il n'y en a plus que deux : la liberté dans l'ordre, la servitude dans le chaos. Eux ou nous. Choisissez !*

L'avantage, vois-tu, des apostrophes imaginaires, c'est qu'on n'est pas interrompu. J'ai tout lieu de supposer que ce brave de Bruxelles m'aurait claqué la porte au nez après deux minutes d'incongruités. Je peux les comprendre, les collègues. Alors, tout ça pour ça ? Les États-Unis d'Occident ! La « grande aventure d'une génération » tournant en eau de Coca-Cola ? Un demi-siècle de marches forcées, cette kyrielle de conférences, sommets, commissions, engueulades, nuits blanches, référendums, pavés, transes – pour *peanuts* ? Non. Pas pour rien. Pour autre chose que ce qui était voulu et prévu. C'est ainsi que s'est toujours faite l'Histoire, à l'envers. Nos plus belles inventions se retournent avec l'âge, et nous font un pied de nez. Qui n'a pas construit dans sa petite existence son pont de la rivière Kwai ? Pour ceux qui ont cru « construire l'Europe », l'effet pervers, pour une fois, aura été heureux. Le roi de Prusse n'empochera pas, le Mikado non plus, mais bien le génie de l'Occident. Pour des milliers de braves démo-chrétiens, dont je fus, l'Union européenne aura été un préambule indispensable, un mirage nécessaire, car la psychologie des peuples a ses rythmes, qu'on ne peut violer à la hussarde. Il fallait un « sas de dénationalisation », comme ont dit de décompression, pour que nos arrière-cours s'entraînent à supporter le grand large. Prends la France : votre vieille gauche n'aurait pas pu faire sa révolution libérale aussi rapidement et facilement si ce n'avait été au nom des États-Unis d'Europe, paradis qui valait bien quelques messes. Et ma vieille droite non plus n'aurait pas abandonné le scrogneugneu maison, le vieux fonds Travail-Famille-Patrie, sans un sas de force majeure. L'anti-américanisme, le communisme, les coquecigrues gaulliennes étaient, dans notre – dans ton – pays, trop bien installés pour que l'entrepreneur d'État se plie de but en blanc aux fonds de pension et la SNCF aux impératifs de compétitivité. Les potions innovantes se boivent à petites doses. Valeur d'un mythe, mais aussi d'une gymnastique quotidienne ! Car sans la propédeutique bruxelloise des concertations et des consultations, sans l'entraînement au multilatéral, cette porte entrebâillée, cette première ouverture sur le global, le Français moyen n'aurait jamais pu soutenir la vue du monde-tel-qu'il-est. L'Europe aura été son objet transitionnel, son doudou d'attente. Maastricht est passé de justesse, imagine une nouvelle Charte de l'Atlantique ! De cela, l'idiome est un bon exemple. Dans toutes les capitales se tient chaque mois la réunion de concertation des ambassadeurs européens. Elle a lieu en anglais, bien sûr (on me dit qu'au Sénégal, l'ambassadeur de France insiste encore pour parler français, mais le contexte local peut l'excuser).

Jamais les Finances n'auraient pu faire avaler la pilule au Quai d'Orsay, dont tu connais la pruderie Norpois, si ce n'avait pas été pour la bonne cause, l'Europe puissance ! L'important est que dans vingt ans d'ici, nos fonctionnaires recasés soient devenus sainement bilingues – le français à la maison, l'anglais au bureau – pour servir le bien commun sans avoir à passer pour des ploucs de deuxième zone. Tu comprends pourquoi je t'écris dans notre future langue de travail ! J'ai toujours aimé prendre de l'avance sur les collègues.

Oui, je devine le rictus d'amertume des commissaires de Bruxelles, des estimables gratte-papier de Berlamont, qui s'échinent avec dévouement à faire tourner la boutique. J'aimerais qu'ils puissent se convaincre, quand sera venue l'heure du rattachement, qu'ils auront fait œuvre utile. « Et surtout pas de déprime ! Ne regrettez rien ! Vous avez labouré la mer, mais dans la bonne direction. L'Euroland, avec son commerce libéré et ses économies dérégulées, restera un acquis pour toujours. Mieux, un tremplin. Mais vous ne pouviez sauter plus loin que le supermarché, nul n'est tenu à la chimère. Quand a-t-on vu un État digne de ce nom s'édifier sur le seul intérêt des consommateurs ? Une patrie sans soldats ? Un foyer d'appartenance fait seulement de *traders* et de *managers* ?

Nos *Western United States* sera un tout supérieur à la somme de ses parties, comme toute véritable fédération, parce que celle-ci croira assez dans ses destinées pour faire la guerre à poitrine découverte. L'Union européenne reste un tout inférieur à la somme de ses parties parce qu'elle n'a pas assez de transcendance au-dessus de sa tête pour se jeter dans la mêlée, étant née de et pour la paix des digestions. Le refus du recours à la force aura été votre seule idée-force. *Emporium* contre *Imperium*, c'était pot de terre contre pot de fer, palabre contre décision. Ce n'est pas votre faute si vous manquez d'allant. *Timor externus maximum concordiae vinculum*[1]. Depuis Poitiers jusqu'à Berlin-Ouest en passant par Lépante et par Vienne, durant treize siècles pleins, l'Europe ne s'est trouvé une communauté de destin qu'en se trouvant un ennemi commun, le Sarrazin, le Grand Turc ou Staline. Comme Rome face à Carthage, aux Germains ou aux Parthes. Quand il faut se mobiliser « au nom des valeurs européennes », pour « être à la hauteur de nos rêves », comme disent vos publicitaires, ce sont les G.I.'s qui doivent débarquer, avec leurs aumôniers et leurs rabbins, pour régler *votre* problème (sans l'Otan, rien ne se serait fait en Bosnie ni au Kosovo). Même en

1. « La crainte de l'étranger est le meilleur outil de la concorde. » *(N.d.T.)*

Macédoine, pour recueillir des armes individuelles déposées gentiment par des Albanais consentants, vos soldats ont eu besoin qu'on leur tienne la main. Vos administrés désertent les églises et ne paient pas leurs généraux. Ils ont même bazardé la conscription. En sorte qu'un continent de 350 millions d'hommes riches et en bonne santé ne peut pas aligner 60 000 hommes en cas d'urgence, même pour des opérations « casques bleus », maintien de la paix ou force d'interposition. Celles, en 1940, de l'armée française, dont le rôle n'était pas de monter au feu mais d'empêcher qu'on ouvre le feu de part ou d'autre, on appelait cela la « drôle de guerre », et c'était le bonheur, paraît-il. Mon père m'a raconté comment son bataillon, sur la ligne Maginot, avait gagné le concours du bastion le mieux fleuri de l'avant (il avait trois jardiniers dans son unité). C'était l'Europe de Giraudoux – et de Pétain, déjà. Comment voulez-vous qu'un rassemblement de démissions, un assemblage hétéroclite d'arrière-pensées mollassonnes puissent accoucher d'une vision et d'une stratégie ? Votre imbroglio a eu un semblant de consistance tant qu'il y avait les blindés soviétiques aux frontières. Depuis que le mur de Berlin est tombé, savez-vous seulement où sont vos frontières ? Comment pourriez-vous, pas même faire cavalier seul, mais seulement surmonter vos jalousies, vos bagarres de grippe-sous, sans une menace majeure qui vous relie et vous oblige ? Comment, sans l'odeur du danger, mettre ses rancœurs au rancart ? Ici, à Washington, depuis le 11 septembre, Blancs et Noirs se sourient. Ils se sentent d'abord Américains. Tu peux te promener dans les *suburbs* sans crainte, chaque maison a sorti sa bannière. *Cops* et *dealers* se tapent dans le dos. Le nombre de délits a chuté, comme celui des suicides. Plus une seule agression dans mon quartier, le *doorman* n'en revient pas. Cela ne durera peut-être pas, mais, en tout cas, cela nous aura rappelé ce qu'il faut d'adversité pour faire une fraternité. Au regard de quoi, votre Europe me fait l'effet d'une vieille rentière qui compte ses sous d'une voix de tête. Si les ambitions se jaugent aux moyens qu'on leur consacre, les Quinze mentent beaucoup. Les cinq grands pays de l'Union consacrent à leur défense moitié moins de leur produit intérieur brut que les États-Unis. Un Américain dépense pour se défendre trois fois plus qu'un Européen. Seule la Grande-Bretagne se conduit honorablement[1]. Pas de cœur, pas de peur, c'est tout un. L'Europe n'a pas d'âme parce qu'elle ne veut surtout pas de sang impur pour abreuver

1. L'effort de défense de la Grande-Bretagne atteint 2,3 % du PIB, contre 1,77 % pour la France. Les États-Unis y consacrent 2,87 %. *(N.d.T.)*

ses sillons. L'Europe-marché s'est faite pour rendre la vie facile aux Européens, non pour qu'ils la mettent en jeu. Comme l'euro, pour faciliter vos emplettes. Ce qui fait de votre zone de libre-échange un couteau sans lame auquel il manque le manche.

Excuse-moi, ici, si je ne peux m'empêcher de penser à la lame de la guillotine (étant un partisan invétéré de la peine capitale). Comment pourraient songer à faire jeu égal avec l'Amérique des sociétés qui ont perdu la capacité de donner la mort, à l'intérieur comme au-dehors ? Et donc de l'affronter, le cas échéant ? Dans mon pays adoptif, c'est indéniable, des innocents ont pu passer par la chaise électrique. Ce sont les faux-frais de la justice. La peine capitale, tu y vois un reste de barbarie ; j'y vois une preuve de vitalité à l'état brut, le signe qu'il y a encore ici du sacré, et une certaine aptitude au sacrifice et à l'irrévocable. Vous vous complaisez trop, en Europe, dans les postures de souffrance, plainte et indemnisation, comme si la compassion, vertu privée, pouvait faire un ordre politique. Aux carrefours ou le long des routes, vous ne dressez plus de statues aux combattants ou aux grands hommes, mais aux victimes – d'accidents, d'attentats, d'avalanches. Toujours la prime au gémissement par peur du cri de guerre. Il n'est pas jusqu'à vos militaires qui ne soient devenus des humanitaires (mais peut-on encore distinguer les professions ?). Je ne sais lequel de vos Premiers ministres en quête d'identité disait : « L'Europe, c'est la démocratie plus la sécurité sociale. » Il aurait dû ajouter : moins la foi. La démocratie américaine n'a pas le ticket modérateur, et c'est dommage pour elle. Le bon Dieu compense, et au centuple. L'Europe, c'est l'Amérique plus la sécu, moins la Providence. Autant dire moins de forces psychiques et moins de prises de risques : *tous à plaindre*. Moins de goût de l'aventure et moins d'envie de se battre : *tous assistés*. Aide-toi, le ciel t'aidera, ou bien : fais grève, le ministre paiera. Chaque formule a ses inconvénients mais je préfère encore les Américains, qui vont de l'avant avec la première, aux Européens qui tirent au flanc avec la seconde.

Et merde aux eurocrates ! Ils sont assez grands pour ouvrir les yeux tout seuls, et mes talents de tribun sont limités. Laissons la paille pour le grain. As-tu vu passer tes nouveaux biffetons ? Regarde-les de près. Les pièces s'appellent des cents, ce qui augure bien de l'euro-dollar à venir, mais ces coupures t'en diront plus que mes longs discours. On dirait des billets monopoly, n'est-ce pas ? La signalétique d'un *no man's land*, tirée d'une boîte de com. Recto, une fenêtre (symbole de l'esprit d'ouverture ?). Verso, un pont (symbole de bonne communication ?). 5 euros : une baie antique + un aqueduc. 10 euros : un portail roman + un pont de pierre. Et ça se décline... 200 euros : une porte vitrée + un viaduc. Pas un bonhomme, pas un profil sur ces passerelles, sous ces voûtes en suspension entre ciel et terre, posées sur le vide. Aucun portrait, aucune maxime. Pas de paysage. Ni date ni nom. Tu vas donc devoir abandonner Pascal, Delacroix, Saint-Ex et Eiffel pour ce Meccano passe-partout, digne d'une multinationale cotée en Bourse. Qui peut s'identifier affectivement à un pont ou à une fenêtre ? Ce papier-monnaie qu'un copain du Crédit Lyonnais m'a montré l'autre jour, on dirait une scène d'Opéra sans chanteurs ni musique, ennuyeux comme un dimanche d'élections pour l'assemblée de Strasbourg (cette BA barbante qu'on esquive chaque fois mieux).

Les Européens seraient-ils gens sans enfance ni visage ? Sans héritage ? Sans contes de fées ? Soit. Les gloires politiques, militaires et artistiques eussent toujours vexé un amour-propre national. Mais Érasme, Newton, Camoens, Shakespeare, Garibaldi, Goethe, Voltaire, Cervantès... « Aux grands hommes, l'Europe reconnaissante »... ? 15 pays, 21 demain, 21 galeries de grands noms... On peut l'admettre : le choix n'était pas aisé. Mais quand on réduit la mythologie du continent qui a donné le plus de mythes à l'humanité à un kit de parpaings et de poutrelles – on se dit que votre casino *off-shore* manque de pilotis solides !

Les signes monétaires sont toujours des lapsus révélateurs, comme les mots d'esprit. Votre plus petit dénominateur commun, c'est donc un florilège ornemental, un échantillon BTP. Est-ce ainsi qu'on projette dans la tête des gens une personnalité collective ? Le billet vert, dès sa naissance, racontait des noms propres, les Pères fondateurs. $1 : George Washington. $2 : Thomas Jefferson. $5 : Abraham Lincoln, $10 : Alexander Hamilton, $20 : Andrew Jackson. $50 : Ulysses Grant. Mieux vaut un western qu'un traité, la preuve, le *greenback* se porte comme le Pont-Neuf. Il dit la foi que l'Amérique a toujours eue en Dieu et en elle-même, sans quoi elle ne serait pas sortie victorieuse et soudée d'une guerre de Libération, et ensuite de Sécession. Un billet de 100 dollars : Benjamin Franklin au recto, et l'Indépendance Hall au verso, c'est un « lieu de mémoire » qui n'a pas honte du sang versé. L'Europe ne s'imagine pas en peuple élu, tant pis pour elle. Elle veille sur ses fromages de chèvres et ses toiles de maître, mais comme elle ne croit en rien d'autre qu'aux arts de la table et du patrimoine, elle s'effritera au premier vent mauvais. Je lui préfère mon *one bug*, belle panoplie de symboles incarnés. Washington, Commandant en chef, perruque poudrée et jabot. L'aigle pour l'Exécutif ; l'écusson, le Législatif ; et la queue à neuf plumes, le Judiciaire. Dans sa serre droite, un rameau d'olivier. Dans la gauche, les flèches de la guerre. Bon équilibre. Le tout sous une « gloire » divine, l'Esprit saint, l'œil de l'Éternel bien ouvert. Saine précaution. Ce rectangle de papier donne au premier venu une petite leçon d'héroïsme et de surnaturel. C'est l'emblème d'un peuple un peu vulgaire et de mauvais goût, je te le concède, mais qui a du tonus à revendre. Notre dernier pays messianique en Chrétienté. Le dollar a confiance en l'au-delà, c'est une monnaie de combat. L'euro vous emmène dans un musée d'architecture après la fermeture des portes. Il est né vieux et esthète. Cela n'annonce pas un destin.

Ne cherche donc pas midi à quatorze heures. Les déconvenues futures de votre « machine Europe », montre molle de plus en plus insensible au ridicule, peuvent se lire sur ce design faussement futuriste qui n'a aucun événement, aucun fait saillant à célébrer. Du fiduciaire sans la foi. Des pierres sans graffiti. Aucune silhouette de héros, et pas une ombre d'indépendance. Ni Lincoln ni Roosevelt ni Churchill.

Depuis quand le conseil des gouverneurs d'une Banque centrale ou une table ronde de P-DG auraient-ils le privilège d'entrer dans l'arène des luttes mondiales sans payer tribut au sang, à la sueur et aux larmes ? Vous en êtes recrus, soit, mais « rien de grand ne se fait sans passion ». Votre échangeur routier en est resté au calcul des quotas de lait et de morue. L'eurozone n'a même pas pu accoucher d'une devise ou d'un profil. J'ai longtemps voulu croire qu'un plus d'Europe serait un remède à l'Europe. Hélas, un plus de la même chose, c'est la même chose en pire, un *supermarket* au carré. Plus de moyens et moins de volonté. Plus de pays membres et moins de capacité de décision. Comment ne pas épouser cette roulade qui engage à si peu, quand on aime dormir et s'économiser ? Quand on peut laisser à d'autres le soin de tenir en respect toute la misère du monde. Défausse intenable, à la longue. Ce qui distingue une fausse bonne idée, généreuse et sentant bon la fraternité, d'une véritable, se découvre sur la durée. La fausse bonne, fêtée au départ, vieillit mal, et la vraie, dont tout le monde se moque au début, bonifie à l'ombre des années comme un grand cru au fond d'une cave. Ne t'ébaudis pas trop vite de mes propositions euro-ricaines. Tel qui ricane aujourd'hui rira jaune demain.

Bon, l'Euroland, tu n'en feras pas une

maladie. Tu te consoles, je crois, avec les dieux-lares de ta province : Danton, Gambetta, Clemenceau, Mendès – le sublime maison ! Les moyens du bord. Et ton sang n'a fait qu'un tour. L'honneur est chatouilleux, n'est-ce pas ? Attention, mon camarade. Les Français ont toujours eu le génie de voyager en première avec un billet de seconde mais, désormais, le contrôleur ne fermera plus les yeux. Votre vanité nationale, « cette fantastique prétention qu'ont les Français d'exercer une mission spirituelle dans le monde », qui laissait déjà Henry James pantois quand il vivait à Paris, fait rire tout le monde en dehors de vous. La vieille gloriole française te souffle qu'une duchesse qui jette encore quelques feux n'a aucune raison de faire la queue comme tout le monde. Pourquoi tirer un trait sur son siège de membre permanent et sur son droit de veto au Conseil de sécurité ? Soyons *matter of fact*. A quoi sert un droit de veto dont on ne se sert plus jamais (enfin, depuis trente ans) ? Si c'est une affaire de face, on pourra concevoir, dans nos EUO, un statut prééminent pour la Grande-Bretagne et la France, noblesse oblige (la Biélorussie avait bien sa pancarte et son siège à l'ONU à côté de l'URSS). Pas d'ambassades à fermer, ce serait un crève-cœur, ces palais de Rome, Lisbonne ou Londres... Un changement de plaque suffira. On dira Agence ou Représentation ou Délégation générale (la Belle Province a les siennes, ce qui ne l'empêche pas d'être aussi et d'abord canadienne). Il y a bien une Maison du Périgord et une autre de Bretagne à Paris. Pourquoi pas une Maison de France à Washington ? Avec un « délégué général » ayant rang d'ambassadeur ? Un léger dégraissage dans les personnels B et C, et pour les plus ronchons de catégorie A, une retraite anticipée ne me semblent pas catastrophiques. Notre vénérable Quai d'Orsay trouvera le moyen de se reconvertir. Le Québec, je te le rappelle, a une ministre des Relations internationales, un statut de gouvernement participant, et siège de plein droit dans maints sommets et organismes. *A fortiori* en ira-t-il de même pour vous, et tout cela au rythme d'une construction progressive. La souveraineté-association ferait une bonne phase de transition. Des trois « grands » de l'Europe de l'Ouest, la France aura le plus à gagner à cet élargissement pour avoir le plus perdu, en poids relatif et en ascendant, dans le creuset bruxellois. La Grande-Bretagne, le brillant second, le mentor, l'adjoint direct, serait bien plus à plaindre que vous (elle fera tout pour torpiller l'intégration). L'aïeule révérée y perdra son *special relationship* (vous auriez tous le même). La langue et son passé cesseraient de lui faire une rente de situation, celle de l'« Athènes de la nouvelle Rome », l'enviable privilège ne lui étant plus pré-affecté. La compétition serait enfin ouverte. Quant à l'Allemagne, sa prépondérance ou son retour à sa prépotence de toujours se verraient grandement neutralisés. Vous échapperez plus facilement à son leadership. Pour un Européen, le choix est entre une Europe capitale Berlin et un Occident capitale Washington. Au vu des bienfaits comparés que vous ont valus ces deux capitales au siècle dernier, je n'écouterais que la prudence, à votre place. Qu'importe une hégémonie régionale si elle est recadrée, résorbée au niveau fédéral ? Un habitant de la Louisiane n'a aucune raison de jalouser un compatriote de Californie, même si les PNB sont de un à cinq. *One man, one vote.* L'EUO fonctionnera comme un égalisateur de puissance qui en finira avec les disputes de tabouret et de préséance au sein des Quinze, et guérira ta Marianne de ses langueurs de délaissée entre deux âges. Et ce, d'autant mieux que, fidèle à sa vocation de défricheuse philosophique du progrès, cette prima donna un peu chahutée aura été la première à demander la main du jeune premier au moment où il traversait une mauvaise passe, s'attirant ainsi la reconnaissance du futur époux et bientôt de toute la belle-famille. Vous avez un atout que vos voisins n'ont pas : une élite légitimante hors pair. Je ne doute pas que vos intellectuels de pointe sauront donner à l'ouverture vers l'Ouest plus de panache qu'à l'entrée des petits pays de l'Est. On ne vous demande pas de forcer le destin ni de brûler les étapes. Mais si la France ne montre pas, par certains gestes, symboliques et juridiques, qu'elle devance l'inéluctable avant et mieux que ses voisins, elle se verra repoussée dans la sphère extérieure de nos alliances et ramenée au troisième cercle des coalisés indispensables, loin derrière le Royaume-Uni et l'Allemagne, voire derrière l'Italie. L'intérêt bien compris n'est jamais l'ami des apparences.

Les avantages ? Le premier facteur d'influence, aujourd'hui, c'est de pouvoir disposer d'une diaspora. Les Arméniens en ont une, les Azéris n'en ont pas : compare les volumes d'aides extérieures dont ces deux voisins bénéficient. Le Black Caucus veille ici aux intérêts de l'Afrique du Sud, et la communauté juive à ceux d'Israël. Les Noirs-américains ont imposé Haïti et la lutte contre l'apartheid à un *establishment* qui s'en fichait allègrement. N'espérez pas une solidarité analogue. Les Français-américains comptent moins que les Arméniens-américains aux yeux du Sénat alloueur de crédits et des clauses de faveur. Au contraire des Italiens et des Irlandais, vous n'avez pas de lobby pour vous faire entendre. Quelques centaines de restaurateurs, de professeurs et de banquiers, cela ne se compare pas aux Grecs, aux Polonais ou aux Tchèques. Le *lobbying* électoral, le plus sûr des leviers, vous est encore plus fermé qu'aux Allemands et aux Danois. Vous n'êtes pas représentés au Congrès, et n'avez pas vos entrées dans les lieux décisifs. Ce n'est pas en glissant Sophie M. en Mata-Hari dans le lit d'un sénateur de poids, ou en vous offrant les services de *Ruder Fin Inc*, que vous allez pallier cette sous-représentation (nos aïeux ne s'expatriaient pas assez). Quand il y aura soixante millions de Franco-Américains, en revanche, vous pourrez remonter ce handicap et vous battre à armes égales avec vos voisins outre-alpins et pyrénéens.

Au fond, je me demande pourquoi je marche sur des œufs avec toi. Il y a avec la France une étrange pudeur, une retenue de politesse, une indulgence je ne sais d'où venue qui empêche de vous dire vos quatre vérités. A commencer par le malentendu de toujours : les Américains arrivant en France pensent qu'ils n'y sont pas aimés, quand ils le sont, tandis que les Français pensent que les Américains les aiment, quand ce n'est pas le cas. Ils s'en tamponnent le coquillard de vos états d'âme. Il serait temps que tes compatriotes soient mis en face du peu qu'ils sont devenus à nos yeux : la dixième roue du carrosse. La plus grinçante et la moins fiable. Et je ne sais pas si les « amis de la France » lui rendent service à tourner sept fois leur langue dans leur bouche.

Quiconque court la planète ou regarde la liste des Prix Nobel en gardant un peu de mémoire sait que la France a dévissé. C'est en sortant de la rade qu'on voit le rapetissement. La baisse de voltage, l'amoindrissement, c'est comme le coup de vieux du sexagénaire, cela ne se dit ni ne se voit pas tant qu'il reste en famille, dans l'entre-soi frileux des petites habitudes. J'ai trop roulé ma bosse depuis trente ans pour ne pas me rendre compte que la France a perdu sa raison d'être historique, du moins en tant qu'État, car la culture locale garde tout son attrait, bienvenus les touristes : les sauvignon s'exportent, mais les grands bordeaux ne voyagent pas, d'accord ! Hormis une certaine douceur de vivre, ce pays n'a plus rien à proposer au monde, il est trop occupé à conserver l'accent circonflexe, le roquefort, les allées de platanes, les avantages acquis et ses points de retraite. Il flatte, sauvegarde, colmate. Et l'attaque, alors ? Faut-il s'étonner que vos centres culturels à l'étranger se vident, que votre langue s'efface des lycées et des labos au profit de l'espagnol et de l'anglais ?

Un exemple parmi cent autres. Sais-tu qu'un passeport français, pour un artiste contemporain, signifie une décote automatique sur le marché international ? L'autre jour, à New York, j'ai entendu une collectionneuse connue demander à un galeriste de Soho combien valait une petite installation de votre fameux G., si bien en cour à Paris. « Quarante mille dollars », fait l'autre. Et elle : « Ça n'est pas possible, un artiste français, ça ne vaut pas quarante mille dollars. Ça, c'est le prix d'un artiste américain ou allemand. Pas d'un Français. » Renseignement pris, c'est bien la vérité : dans la liste des vingt artistes internationaux les plus cotés, aucun ne réside plus au pays de Renoir et de Picasso. Pourquoi crois-tu que ceux ou celles qui veulent avoir pignon sur rue prennent résidence ici, ou se font naturaliser pour remonter le handicap ? Quant aux amateurs d'art de ton pays, ils sont en extase au Whitney Museum de New York et à la New Tate de Londres, mais la seule idée d'un Musée d'art français à Paris les ferait rougir de honte. Mystérieux psychisme des colonisés...

L'écume des choses, soit. Plus symptomatique est la disparition simultanée des grands théologiens gallicans (les Académies pontificales viennent d'abandonner le français comme langue de travail) et des grands stratèges hexagonaux – l'ecclésial et le militaire sont liés, comme tu sais. Le sabre et le goupillon, n'est-ce pas ? Mon ancien ministère maintient par habitude une Délégation aux affaires stratégiques (l'ancienne Direction des études générales), mais à quoi bon si l'on pense et décide pour vous ? Où sont les de Lubac, les Congar, les Chenu d'aujourd'hui ? Et les Poirier, les Gallois, les Ailleret ? Paul VI, Jean XXIII s'entouraient d'inspirateurs français, clercs et laïques, Jean-Paul II a dû tourner la page. Quant à vos têtes pensantes en matière stratégique, elles traduisent pieusement ce qui se fait à la Rand, à la Brookings, au CSIS de Georgetown, à mon Heritage Foundation, et j'en passe. Pas une seule idée originale depuis la « dissuasion du faible au fort » (1960). La vérité est qu'il n'y a plus de doctrine de défense française – vous avez recopié notre système de « projection de force » – et que l'audace théologique est passée chez les Allemands et les Anglo-Saxons. Il y a quinze *think-tanks* qui carburent et produisent ici en métropole. Vous n'en avez même plus un qui mérite le détour. Votre Collège interarmées de défense retient encore quelques Nigériens et Comoriens. A l'échelon du Sénégal, déjà, ils viennent directement chez nous. J'imagine que c'est pour un confort de langue que vos journalistes en quête d'experts sur les questions de sécurité s'adressent à vos Fondations et Instituts parisiens, et non directement à l'ambassade US. Les États-Unis et Israël sont les deux derniers pays, en Occident, qui aient un futur. Le premier sur terre, le second dans les cœurs. Parce qu'ils ont une espérance. La France a perdu l'avenir parce qu'elle n'a plus confiance en son étoile, et ce n'est pas le trompe-l'œil européen qui lui en redonnera un.

Tu n'as pas besoin de relire *Guerre et Paix* pour savoir à quel point les flux et reflux des peuples échappent à la prise des individus. Napoléon lui-même fut un fétu de paille aux yeux de Tolstoï. *A fortiori* les politiciens de troisième zone que la bonace nous a ramenés (les grandes guerres haussent le niveau, les paix trop longues le rabaissent). Votre vivier marécageux, vu de loin, me paraît de plus en plus affligeant. A la Défense, il est vrai, on n'a jamais été très gâté. Messmer, Debré avaient au moins une doctrine. Mais depuis ? Hernu ? Champagne et plat ventre. Chevènement ? Un homme debout, l'exception qui confirme. J'ai pu l'observer de près quand j'avais mon bureau au premier étage de la rue Saint Dominique, à la DEG, avec ton ami Henri Paris, le général. Tu sais ce que je pense des socialos, ces pharisiens donneurs de leçons, les conformismes du parvenu plus l'excès de zèle des convertis, mais lui, je dois l'avouer, tranchait. Il connaissait ses dossiers. On ne pouvait pas lui vendre n'importe quoi, comme font les états-majors aux potiches de passage.

Seulement voilà : on peut respecter une personne sans chevaucher ses chimères. C'est mon cas. Le « Che », ne t'en déplaise, a mis la barre trop haut. Ce Don Quichotte fait fond sur une France de rêve dont vos Sancho Pança se sont fatigués. Souvenez-vous que de Gaulle est mort – sans parler de Jaurès ! Les électeurs, et jeunes encore plus que vieux, préfèrent suivre leur pente en la descendant, on ne les forcera pas à la remonter ! S'il y avait un recours, soit, ce serait lui. Laissons l'éventualité ouverte pour te faire plaisir, puisqu'il faut bien rêver. Personnellement, j'en ai trop vu pour croire encore à un renouveau, une rebiffe. « Français, redevenez ce que vous fûtes un jour, les fils de Corneille, de Guibert et d'Estienne d'Orves » ? Allons donc ! Tes concitoyens ont perdu l'estime d'eux-mêmes. Ils sont sortis de l'Histoire sur la pointe des pieds (personne ne les a prévenus) et ils s'en trouvent au fond fort aise. Qui oserait parler d'orgueil blessé ? Cela ne leur fait plus mal du tout.

J'en ai eu la preuve en Irak, après le cessez-le-feu, quand Schwarzkoff, sur instruction de Washington, nous a fait savoir qu'on ne souhaitait pas, en haut lieu, voir un Français recevoir à ses côtés la reddition irakienne. Le Britannique a eu le droit de figurer sous la tente parmi les signataires, pas nous. Notre brave

Roquejeoffre a dû regarder la cérémonie debout, noyé dans un coin. Le téléjournal du soir se nourrit du *Monde* de midi qui se nourrit du *Herald Tribune* du matin, soit, mais je m'attendais, devant ce camouflet, à un tollé à Paris, à une protestation officielle de l'Élysée, à un coup de fil de Mitterrand à Bush père pour remettre les pendules à l'heure. Rien. L'humiliation est passée comme une lettre à la poste. De quoi donc se formaliser ? Le temps où de Gaulle faisait asseoir De Lattre de Tassigny à la table des vainqueurs à Berlin est bien fini. J'étais de ceux, au ministère, qui avaient désapprouvé la démission du ministre, juste avant l'assaut ; quand j'ai vu la façon dont nous fûmes traités à l'issue de cette cyber-ratonnade (et la rafle des contrats d'armements après-coup), j'ai compris qu'il avait eu raison, et moi tort. Mais quand, tout compte fait, j'ai vu que mon (ex) patrie, toutes élites confondues, avalait ces couleuvres sans broncher, je suis finalement revenu à ma première impression. L'époque est trop dure pour les capitaines sans troupes, eussent-ils les idées claires. Le jacobin ne voit donc pas que les carottes sont cuites ? La République ! La nation ! L'exception culturelle ! L'Europe contrepoids ! Pourquoi aurais-je dû lier ce qu'il me reste de vie et de vaillance à des patenôtres dont les récitants eux-mêmes finissent par rire sous cape... ? Mieux vaut chercher à avoir l'oreille du bon Dieu que de ses saints. Tu verras. En matière militaire, vous obéirez aux Britanniques, qui nous obéissent. Pour le reste, vous suivrez l'Allemagne, qui nous suit. Dans le rôle du troisième couteau, il y aura bientôt foule. Pas facile de se distinguer dans la piétaille.

Il m'aura été donné de vivre en direct, degré par degré, sur trois décennies, les glissements progressifs de l'abdication. J'ai encore connu le moment (j'arrivais au Quai, frais émoulu de Langues O) où la France excluait formellement de recevoir un commandement de secteur ou de se voir déléguer un créneau dans le cadre de l'Otan. C'était peu après que de Gaulle se soit fait retoquer sur le Directoire à trois avec les États-Unis et la Grande-Bretagne (l'idée, alors, ne faisait rire personne). J'ai connu ensuite celui où la France a réclamé à cor et à cris que le commandement sud de l'Otan puisse tourner (1996), et, cela, en laissant la VIe Flotte sous contrôle exclusif du CinCMed. Un troisième moment où le fait qu'on le lui eût refusé, en lui riant au nez, ne l'a pas dissuadée de rallier les structures du commandement intégré qu'elle avait quittées en 1966. Et un quatrième, aujourd'hui, où elle s'excuse d'avoir eu le front de solliciter un commandement régional. Je me souviens du moment où la question israélo-palestinienne devait être réglée, disait notre catéchisme, dans le cadre d'une Conférence quadripartite (avec l'URSS), entre les quatre grandes puissances. Puis, nous avons réclamé que ce soit dans le cadre plus général des Nations Unies. Puis, nous avons loué les États-Unis d'avoir pris en main la question sans interférences inutiles, et j'ai vu, *in fine*, à la Conférence de Madrid, notre malheureux ambassadeur écumer les couloirs en guettant la sortie d'un adjoint de sa connaissance à la délégation américaine, pour avoir un tuyau sur ce qui se passait derrière la porte. La susceptibilité nationale, j'en suis témoin, est une maladie pernicieuse mais curable (l'Autriche-Hongrie aussi a dévalé l'escalier à toute vitesse après 1918). On se fait à tout, à presque rien, et on survit.

L'épée n'est plus l'axe du monde, soit, mais en temps de crise aiguë, c'est tout de même elle qui sert de fléau, et non le *cash-flow* des entreprises. Votre épée nucléaire (la conventionnelle aussi, mais c'est politiquement moins grave), vous l'avez cassée, vous, les Français. Délibérément. J'étais assez d'accord, une fois n'est pas coutume, avec les thèses que tu as défendues dans ton *Tous Azimuts*[1]. Elles n'ont eu aucun

1. Ouvrage publié par le traducteur et postfacier, en 1989, aux éditions Odile Jacob, pour la Fondation des études de défense nationale. *(N.d.T.)*

écho, et ce n'est pas un hasard (deux cents exemplaires vendus, m'as-tu dit toi-même). Tu y défendais la pertinence du Hadès, le missile sol-sol à moyenne portée, l'arme de l'ultime avertissement. L'héritier du Pluton. Faussement tactique, disais-tu, stratégique. Soit. Eh bien, où est-elle passée, votre artillerie nucléaire, sans parler du vecteur aérien (Mirage IV + ASMP) ? En fumée. Vos quarante Hadès viennent d'être découpés au chalumeau – même pas gardés dans de la paraffine ! Des milliards partis en étincelles ! Et une stratégie pas remplacée. Dans l'indifférence générale. Vos responsables politiques, vos experts, vos ingénieurs d'armement n'ont pas pipé mot. Les sites d'expérimentation nucléaire dans le Pacifique ont été détruits – pas même gelés. Des milliards à la mer ! Trente ans d'efforts colossaux pour les petits poissons ! Cela ne vous fait ni chaud ni froid, Monsieur le Secrétaire général du Conseil du Pacifique-Sud ? Vieille habitude nationale, le sabordage du flambant neuf. La Royale en 1940 était épatante. Des bâtiments dernier modèle. Nos cuirassés et croiseurs ultramodernes auront au moins servi à lancer trois obus sur la ville de Gênes avant de sombrer corps et biens en rade de Toulon. Ce miracle ne se répétera pas, on se saborde de suite. Vos capacités ne sont pas en cause, vous n'en manquez pas. Mais la volonté. Le désarmement unilatéral et sans conditions fait-il partie des droits de l'homme ? Vous avez été jusqu'à démanteler vos sites de production de matières fissiles. Les USA vous ont sommé de signer le Traité d'interdiction des essais nucléaires ; votre Parlement l'a donc ratifié pour se mettre « en conformité avec la loi internationale ». Ce que n'ont pas fait Israéliens, Pakistanais et Indiens, plus prévoyants que vous. Car le Sénat américain a bien sûr refusé la ratification de ce même traité (97 voix sur 100) que vous aviez signé pour lui être agréable. C'était prévisible (j'avais prévenu Matignon bien avant, on a haussé les épaules). Pas un mot de protestation. Le gouvernement US a eu mille fois raison. Ce n'est pas parce qu'on vous lie les mains que nous devons nous lier les nôtres. La règle de la castration universelle s'applique aux eunuques du harem, non au calife.

Renoncement, ou consentement à la réalité ? Les collègues, ici, me le répètent sans fard : pourquoi partager la décision politique avec des gens qui n'ont plus les moyens militaires de la décision ? Je viens d'apprendre qu'à la dernière réunion de l'Otan, notre délégation a décliné les offres de services des alliés européens : c'est aimable à vous de mettre vos forces à disposition, mais pourquoi s'accrocher des boulets aux pieds ? Et vous donner un droit de regard ?

Vous, Français, vous gardez, par votre présence dans l'espace, quelques moyens de communication, détection et collecte du renseignement. Soit. Mais, pour jouer dans la cour des grands, il faut plus que deux satellites. Les moyens de commandement stratégique vous font défaut, et ceux de la projection de force également. Vous ne pouvez même pas acheminer avec vos Transall une unité à 3 000 kilomètres, et l'absence de défense anti-missiles de théâtre vous rendrait tout débarquement périlleux si on vous laissait à vous-même. Istres est redevenu une base de l'US Air Force. Une chance, car votre suicide à petit feu fait peine à voir. On ne renonce pas franchement à ses programmes, on les étale dans le temps, faute de crédits et surtout de courage, et ils s'étiolent tout doucement. Vous avez repoussé à 2007 la décision de donner au *Charles-de-Gaulle* un frère jumeau, alors qu'un seul porte-avions ne sert quasiment à rien. Il vous faut un quart de siècle pour armer un porte-avions nucléaire, encore a-t-il du mal à prendre la mer (ici, six ans suffisent entre la décision et la mise à flot). Votre char Leclerc, sans véhicule d'accompagnement, est inutilisable. Votre Rafale devait être mis en escadrille depuis huit ans ; toujours rien. Pourquoi vos politiques ont-ils renoncé à tirer parti de vos avances technologiques dans le nucléaire, le spatial ou l'aéronautique ? Heureusement que dans notre programmation afghane, on réserve à vos paras la garde de quelques aéroports et routes secondaires (on a toujours besoin de factionnaires). Le plus étonnant, Wolfowitz n'en revient pas, c'est que votre ministre de la Défense prenne encore le train pour venir au Conseil de l'Atlantique à Bruxelles, quand un aide de camp avec un papier et un crayon ferait aussi bien le travail de prise de notes. Son agenda doit être bien vide. Et cela, pour figurer sur la photo de famille ! Où est passé le respect de soi ?

Tu te souviens du mot d'Abetz arrivant à Paris en 1940 : « Il y a trois puissances en France : le communisme, les grandes banques et la *Nouvelle Revue Française*. » Le Parti a sombré, les banques ont filé sur la City, quant à la *NRF*... Qu'est-ce qui surnage dans le reflux ? La francophonie de papa ? A la bonne heure ! Qui n'a pas sa petite différence à préserver ? Son point d'honneur et sa plume au chapeau ? Vos jolis films couleur locale trouveront bon accueil. Vos grands couturiers, vos philosophes et vos rhéteurs aussi. L'Académie française, où l'on te laisserait presque faire de vieux os si te reprenait l'envie de plastronner, gardera ses tambours, ses épées et ses ombrages lexicaux. Les meilleures traditions locales, toutes les madeleines du terroir seront les bienvenues dans l'EUO de demain, où chacun pourra faire valoir son pittoresque et son « plus » à lui (chacun le sien). En Turquie, notre ambassade est devenue proconsulat, ce qui n'empêche pas ce pays de défendre bec et ongles sa zone d'intérêts, avec ses affinités culturelles propres. Il a même la bonne idée de tenir un Sommet périodique des républiques turcophones avec le Turkménistan, l'Ouzbékistan, l'Azerbaïdjan, le Kirghizstan, le Kazakhstan. Vous pourriez l'imiter en donnant plus de lustre encore à vos réunions et connivences francophones (plus pauvres, hélas, en gaz et en pétrole). Non, vraiment, je ne vois pas, si tu renvoies aux limbes les spectres de Marx et de De Gaulle, quelles objections de fond tu pourrais opposer à l'œuf de Colomb que je soumets à ta sagacité. Je n'ai pas besoin de te dire que les attaches prises côté Medef, ainsi que dans le microcosme financier français, me laissent augurer le meilleur. Tout ce qui compte dans le monde des affaires, quand il découvre notre courant « rattachiste », se partage entre le flegme et l'enthousiasme. Un mien ami a déjà mis l'option aux voix dans un dîner du Siècle, pour voir : à sa table (huit personnes), six ont voté pour, avec des délais, un seul contre, par principe. Épargne-moi ton sermon populiste sur l'éternelle trahison des élites. Billancourt, que je sache, n'a jamais été en avance sur le cours de l'Histoire, ou alors on serait tous communistes aujourd'hui, ce qui ne serait ni très moderne ni très raisonnable, tu en conviendras. Et puis, ne te fais pas de souci. L'agenda de notre Confédération sera si rempli qu'on trouvera bien de quoi recaser les bancroches et les aigris. Ceux-là – je veux dire : le dernier carré des adjudants « Patrie et Progrès », tes amis – seront d'ailleurs heureusement surpris par les bienfaits de l'intégration. Les Astérix sur le retour n'auront plus à disculper leur énième « lettre à un ami américain » par de longs préliminaires préventifs sur Lincoln, Elvis Presley, les croix blanches d'Omaha-Beach et la plus vieille démocratie d'Occident, avant d'en venir au fait : décharger leur bile. Personne ne reproche à un Français qui critique la politique de son gouvernement d'être un anti-Français maladif, et un Israélien qui désavoue Sharon n'est pas nécessairement antisémite. Les critiques que vous pourrez adresser demain aux WUS, sur tel ou tel aspect de leur action, depuis Paris, Madrid ou Prague, dès lors qu'elles viendront de l'intérieur, ne relèveront plus d'un « anti-américanisme » primaire et beauf, mais d'un sens civique en tout point digne d'éloges. Les colonisés en rajoutent toujours. Outre que vos grognards n'auront plus à grogner en voyant n'importe quelle ânerie, trivialité ou resucée hissée en une du seul fait de venir du « pays de Bill Gates » – tous à prestige égal, dorénavant, entre le Danube et le Pacifique –, le procès en mauvaises pensées, dont vos prétendus trouble-fête se flattent d'être victimes pour se rendre intéressants, n'aura plus lieu d'être. On changera de rhétorique. Réfléchis bien. Le pari intégrationniste, pour toi, est du type gagnant-gagnant. Le peu que tu perdras en romantisme poseur et attrape-nigauds (le déviant banni par le *politically correct*), tu le récupéreras dix fois en concision autorisée et en volume d'audience. Un « anti-impérialiste » naturalisé deviendra un héros de la dissidence chic, un tenant de l'avant-garde morale – un Mailer, un Gore Vidal, un Chomsky, une Sontag – respecté et protégé par le Premier amendement. Et non plus un pelé et un galeux. Tout bénéfice, non ?

Les chagrins, sais-tu, sont une affaire d'échelle. Une nostalgie au 1/100 000e s'évapore d'elle-même au 1 pour 1 000. Un Français peut avoir le cafard s'il reste le nez sur sa colline inspirée et ses grèves tournantes, un Européen aussi qui se limite à ses œillères et à ses parlotes. Il suffit de recadrer dans une vue d'ensemble pour retrouver la perspective, avec le sens du relatif que donne la longue durée. Le miracle Occident peut survivre à l'Europe pour autant que le flambeau saute de main en main, de loin en loin. La Grèce s'est réincarnée dans la Grande Grèce, et celle-ci dans le Latium. Rome n'a fait qu'enchaîner. Comme l'Amérique avec l'Europe. Ce n'est pas l'emplacement de l'îlot humain où le génie s'allume et palpite un siècle ou deux, mais le mouvement qui transporte l'étincelle d'une oasis, d'une élite à l'autre. La civilisation musulmane n'a rien emprunté à sa devancière, Byzance. Mais c'est le privilège de l'Occident latin, par rapport à l'Empire d'Orient, que son aptitude au recommencement, à la transplantation sur un sol nouveau. Trajan renaît dans Constantin qui renaît dans Charlemagne qui renaît en Frédéric II puis en Napoléon. Les Wisigoths qui saccagèrent Rome en ont respecté d'instinct les églises et les basiliques. L'esprit de notre civilisation est inextinguible parce qu'il a toujours su rebondir sans se renier. Seule compte la dynastie de l'essentiel, et non la couleur transitoire d'un drapeau. J'honorerai à ma manière le nom romain !

Soit. Je pathétise et vocalise à l'excès. Excuse l'enflure. La réunion de deux continents – Rome et Carthage ? – dans une collectivité neuve, par-dessus l'Océan, semble sublime si on la voit en profondeur de temps. Sur l'instant, elle ne sera qu'anodine. J'aurais sans doute pu t'épargner toutes ces objurgations en fantasmant une levée de boucliers là où la plupart des jeunes

Européens en *skate-board* ne sentiront, le jour venu, qu'un soulagement de confirmation. Et les ventripotents des ministères, sous les lambris, l'occasion de montrer combien ils restent jeunes et dynamiques. Vos puissances publiques ont appris à se faire discrètes, avec des protocoles allégés comme beurre en plaquette : plus de fanions aux voitures ni de motards à sirène. Vos États ont renoncé aux haies d'oriflammes, aux trompettes et aux fanfares. Soyons fonctionnels ! Et proches des gens ! Un drapeau à rajouter derrière une table, l'hymne national pour les fêtes locales, une simple permutation des messages en français et en anglais sur les vols d'Air France, trois initiales supplémentaires sur un passeport – ce léger rectificatif apporté à vos sigles extérieurs de richesse aura toutes les chances de passer inaperçu.

Les signes des temps sont là, vieux bougre. Les premiers à savoir lire seront récompensés.

Ai-je eu tort de te montrer le droit chemin, sans pirouettes ni tangentes inutiles ?

See you later,

Ton infidèle
Xavier.

ÉPITAPHE

Un cas de conscience. Ce n'est pas sans scrupules que je me suis résolu à livrer au public français (sans trop d'espoir, vu ses actuels sujets de distraction) une lettre qui n'aurait pu être qu'un sombre pronostic égayé par un grain de fantaisie si la fin tragique de son auteur ne lui avait donné la résonance de l'irréparable. Étrange récompense... Tout bien pesé, dussé-je m'opposer le « personnel » écrit au feutre rouge en haut du rectangle en papier kraft, laisser sécher ce testament involontaire au fond d'un tiroir eût encore plus trahi la mémoire de mon correspondant. Je l'ai traduit de mon mieux, à ma manière et avec mon cœur. Un ange gardien me souffle que ce long SOS n'était pas fait pour rester confidentiel.

L'Ôôteur... Avec ce qu'il a de fat et de paradeur, le mot eût semblé bien dérisoire à l'épistolier malgré lui. Le fromage littéraire, où chaque rat peut se faire un trou, n'était pas le sien, non plus que le politicien. C'est un homme d'action et de terrain, comme on dit aujourd'hui, qui se livre ici, à cru. S'il avait eu un milieu et non plusieurs (lui qui ne se satisfaisait d'aucun et prenait un malin plaisir à marier l'eau et le feu), ç'aurait été plutôt celui du renseignement et de l'infanterie de marine...

Notre amitié, pour ainsi appeler une brouille remise au lendemain pendant trente-cinq années, remonte à la rue d'Ulm, années 60, années Mathusalem. Xavier de C*** y est rentré l'année où j'en suis parti, 1964. Nous étions faits pour nous haïr. Je campais à l'extrême gauche ; il siégeait sur l'autre bord, une droite sans stridences mais sans complexes. Sa particule aidant, la rumeur l'avait logé du mauvais côté sans autre forme de procès, parce qu'il avait la nuque dégagée, communiait chaque dimanche à Saint-Jacques-du-Haut-Pas, et faisait 12,9 secondes au cent mètres. La silhouette élancée, la carrure et la boule à zéro, à vrai dire, évoquaient plus la corniche d'Henri-IV que la khâgne de Louis-le-Grand d'où il venait pourtant. On aurait dit un Saint-Cyrien, n'étaient, au « pot » et dans les couloirs un air taciturne et absent, de fines lunettes cerclées sur le nez, et une thurne garnie des Pères latins en version originale, collection Belles-Lettres, de Tertullien à Saint Augustin.

Ses coreligionnaires, barricadés en pleine « base rouge », promurent bientôt ce romaniste athlétique « Prince Tala » (le premier de ceux qui vont-à-la-messe). Sa spécialité était le Haut-Empire. Il lui en est resté, comme on ne l'a que trop vu ici, l'agaçante manie des citations latines. Je trouvai un jour dans mon casier une copie de son diplôme d'études supérieures (l'actuel mémoire de maîtrise) sur « l'opposition parthe à la romanité », sujet pour moi bien marginal auquel je n'accordai alors, je l'avoue sans fard, guère plus d'intérêt qu'au travail concomitant de Marcel Benabou sur la Tripolitaine antique (d'où il tira plus tard un classique : *La Résistance africaine à la romanisation*). Après quoi, et à ma grande surprise, je le vis débouler dans ma thurne, violant la sacro-sainte frontière qui séparait les types bien, nous, les vice-prolétaires, des infréquentables, eux, les chiens de garde du bourgeois. Ce sacrilège leva mes réticences. Ce fut notre premier tête-à-tête. Il m'interrogea sur l'état des guérillas en Amérique latine (d'où je revenais après dix-huit mois d'errances), et me fit part de ses propres perplexités quant à son orientation future. Le Collège de France ? La diplomatie ? Harvard ? Les monastères ? Ces hésitations disaient assez la riche étoffe du jeune homme d'ordre. Un maniaque du gérondif chez Tacite frémissant devant le remue-ménage des peuples coloniaux, tenté par le bruit et la fureur du conte raconté par un idiot... Nous nous revîmes quelquefois, en catimini, avant la séparation de l'été, et ses confidences me firent sentir tout le poids que pouvait faire peser sur un fils de famille la trop grande illustration d'une ascendance. Pour son malheur, mon labadens était le fils d'un héros. Un père compagnon de la Libération, c'est dur à porter sur de jeunes épaules, aussi carrées soient-elles. Un résistant de la première heure, qui venait de mourir, retiré dans sa Sologne, d'un fulgurant cancer du pancréas. Officier de cavalerie, replié dès 1940 en zone libre pour organiser les dépôts d'armes clandestines, le fameux CDM (camouflage de matériel), dénoncé, les gendarmes à ses trousses, il avait, via l'Espagne, rejoint Leclerc juste après Koufra. Non sans avoir, avant de déguerpir, saboté et détruit des milliers d'armes lourdes. Plusieurs fois blessé, il avait fait toute la guerre dans la deuxième DB, jusqu'à Berchtesgaden où il fut le premier à pénétrer dans le nid d'aigle du Führer. Un grand-père général d'armée, qui s'était illustré en 1918, simple sous-lieutenant projeté par les hasards du feu à la tête d'un régiment qui réussit à tenir, sans appui, le passage stratégique de l'Aronde. Une lignée de militaires vieille France, oui, mais assez anticonformistes pour pousser le rejeton vers le latin-grec plutôt que vers Polytechnique. Xavier de C***, esprit frondeur mais retenu, aux antipodes du « facho », n'avait rien du tranche-montagne ni de l'hurluberlu anachronique. Gaulliste républicain, le vichysme attardé n'était pas précisément sa tasse de thé, et le lecteur guetté par le stéréotype aurait bien tort de le confondre avec les ultras du « monde libre », les croisés de l'Occident obnubilés par les risibles fantasmes du complot, des puissances occultes et du gouvernement invisible, qui vibrionnaient pendant la guerre d'Algérie aux marges du quartier Latin et qui ont, depuis lors, fourni quelques ténors à notre droite moderniste, libérale et furieusement « américaine ». Le réfractaire était d'une autre souche, d'une autre trempe – ce qui donne à son ultime bifurcation une valeur d'avertissement autrement angoissante, car ses pronostics sur le cours des choses, je puis en témoigner, mettaient chaque fois dans le mille avec dix ans d'avance.

Comme beaucoup d'autres que lassaient le Gaffiot et les notes en bas de page, Xavier de C*** bifurqua, après l'agrégation, vers l'École nationale d'administration. Je ne fus pas vraiment surpris d'apprendre incidemment, par un tiers, qu'il avait quitté à mi-parcours les bancs de Sciences-Po, jugeant par trop fadasses les enseignements prodigués dans notre sanctuaire national du lieu commun, consensuels et superficiels, pour gagner l'école des Langues orientales. C'était reculer *ipso facto* de quelques cases dans le *cursus honorum* des gens d'État (les Langues O par rapport à l'ENA, c'est l'entrée de service par rapport à la porte cochère des palais de la République). Pour « l'un des plus brillants sujets de sa génération », selon la formule consacrée, ce parti pris du modeste, du besogneux, du spécialisé relevait déjà de l'écart de conduite. Mais tout ce qui s'écarte de la norme sort de notre champ visuel, et, au lieu d'inquiéter, rencontre notre indifférence. Pendant de nombreuses années, je ne me suis pas enquis de son sort et n'en entendis plus parler. Ni aucun camarade, me semble-t-il. Et cela dans un petit milieu d'anciens élèves où, malgré qu'on en ait, en dépit des éparpillements de la carrière, les relevés de position s'échangent de loin en loin comme de furtifs appels de phares, au détour d'un dîner au bistrot ou d'une rencontre sur un trottoir. Pas de publications, pas de décorations... A croire que Xavier de C*** n'avait jamais été des nôtres.

C'est dire combien je tombai des nues quand, arrivant à l'Élysée en mai 1981, chargé par François Mitterrand des relations avec les « périphéries remuantes du Tiers-Monde » (comme cela se disait encore avec quelque dédain), aux côtés d'Hubert Védrine, chargé, lui, des relations officielles avec les États du premier, j'entendis un beau jour, décrochant mon « inter » (le téléphone intérieur des cabinets), la voix métallique et syncopée de mon ancien condisciple. Il travaillait à la Défense, premier adjoint à la Direction générale des études (l'ancien CPE animé dans les années 60 par Hughes de l'Étoile et le général Poirier), après un long passage par le Secrétariat général de la défense nationale. La République avait donc recruté l'orientaliste pour ses connaissances en langues rares, et apparemment excentriques, turque et caucasiennes. Nous reprîmes bientôt des relations confiantes, malgré d'évidentes divergences d'opinion, car notre homme n'avait pas beaucoup changé depuis l'École normale (et moi non plus, finalement), mais un point d'accord nous réunissait : la nécessité de défendre l'action publique contre vents et marées dans un pays où le marché, l'image et la frime donnaient déjà le la. Il avait, bien sûr, entendu parler de mes mésaventures ; et me conta les siennes, plus instructives et non moins exotiques. Après avoir appris le turc aux Langues O, il était allé s'installer à Istanbul au début des années 70, à l'Institut d'études anatoliennes qui jouxte, sur les hauteurs de Pera, l'antique Palais de France, avec vue plongeante sur le Bosphore, les minarets de Sainte-Sophie et de la mosquée bleue. Dans ce vieux quartier de Beyoglu, il emboîtait le pas à son maître Georges Dumezil, qui a donné depuis son nom à l'Institut, et avec lequel il soutint, jusqu'à sa disparition, en 1986, une correspondance régulière et assez pointue (que l'Académie des Inscriptions et Belles-Lettres, pour autant qu'un profane puisse en juger, s'honorerait de publier). On sait que le maître des études indo-européennes occupa six ans d'affilée à l'université d'Istanbul une chaire d'histoire des religions spécialement créée à son intention par Mustapha Kemal. Comme son mentor, et avec la même déconcertante facilité pour la maîtrise des langues, Xavier se tourna vers les cultures du Caucase où il s'initia à son tour aux arcanes de l'ossète, du tcherkesse et de l'abkhaz. Le chrétien de tradition se maria avec l'une de ses étudiantes, une turque de la diaspora caucasienne, devenue farouchement musulmane, fraîche émoulue du lycée Galasagaray. « Je suis plus kémaliste qu'elle, me disait-il en souriant. Des deux, le laïc, c'est moi. » Et c'est vrai que ce pur fruit des *tantum ergo* et des encensoirs à chaînettes fut l'un des très rares Français à connaître et aimer la Turquie moderne, ce pays musulman où les femmes reçurent le droit de vote dix ans avant les Françaises.

Son nom de famille et son expertise lui valurent peu après des offres de recrutement de notre hiérarchie militaire. On peut se douter qu'un turcologue polyglotte, pour qui l'Asie centrale n'avait plus de secret, ne professait pas un respect excessif pour les bureaucrates de la Grande Muette (« En temps de paix, me confiait-il, l'armée est une fabrique de cons. L'avancement dépend de la notation, la notation dépend du supérieur immédiat. Résultat : si tu veux briller, commence par t'éteindre. Pour le "fanamili", *Il Duce a sempre ragione.* »). Il avait finalement transigé pour un poste hors hiérarchie dans ces organismes opaques, aux sigles ésotériques de sociétés anonymes, censés nourrir les armées de compétences, contacts extérieurs et prévisions raisonnables, laboratoires d'idées où il n'est pas interdit de penser à son compte. Se mêlent là (SGDN, DPE, IHEDN, DGSE), à proportions égales, des militaires de carrière, des techniciens, ingénieurs des armements ou informaticiens, et des fonctionnaires du Quai d'Orsay. Durant mon séjour à l'Élysée, il me fit, au culot, destinataire officiel des copies de ses notes et rapports, signés sobrement de ses initiales (ce semi-anonymat était alors de règle dans l'administration). Ses analyses de situation, toujours brèves, deux-trois pages maximum, me ravissaient par un laconisme narquois, intempestif, volontiers provocant, lavées de l'asepsie craintive et des circonlocutions de prudente neutralité qui font l'ordinaire des « notes au ministre ». Il y était déjà beaucoup question de l'Afghanistan, alors envahi par les Soviétiques.

Le hasard voulut que le Président, désirant en avoir le cœur net, me confiât, en février 1982, la tâche de prendre contact avec les chefs de la résistance afghane, ainsi qu'avec le général-dictateur Zia, le président pakistanais du moment, pour voir quelle sorte d'aide la France pouvait leur apporter, au-delà de la déclaration d'intentions. Les demandes d'assistances matérielle et militaire en provenance des Moudjahidin affluaient à l'Élysée de tous côtés – les officiers de la DGSE le matin, les organisations humanitaires l'après-midi (il y avait des passerelles entre les deux), et les intellectuels de renom à la messe du 20 heures. Dans l'exaltation du combat antitotalitaire, les *freedom fighters* à bonnet et pantalon bouffants figuraient au zénith de l'imaginaire officiel. Mon ancien condisciple n'était pas guetté par l'arrivisme : il pointait les inconséquences et aveuglements de cette solidarité aussi grandiloquente qu'ignorante des trivialités tribales de l'endroit, au mépris des westerns en noir et blanc qui remplissaient les kiosques. Je demandai donc à être accompagné dans cette mission par mon ami, que je rejoignis en fait à Karachi où il était déjà. Nous passâmes plusieurs jours dans les zones dissidentes du

Nord-Ouest à palabrer devant des cartes d'état-major, le long de la ligne Durand, avec des officiers pakistanais de l'ISI, parmi lesquels son futur directeur, l'inquiétant Hameed Gul, démissionné depuis, et les seigneurs des tribus soulevées. Je me souviendrai toute ma vie du clou de notre tournée : la rencontre dans un faubourg de Peshawar avec l'aréopage des chefs de guerre réunis pour la circonstance.

Il y avait là, assis en tailleur sur un amas de tapis, statufiés dans leur châle de laine, Gailani, le royaliste grassouillet, parfumé, chevalière au doigt, Gulbuddin Hekmatyar, le fondamentaliste maigre, visage en lame de couteau, petits yeux enfoncés, regard glacial, Rabbani, sentencieux à souhait sous son bonnet roulé, Modjaddedi, du khôl sur les paupières, ceux dont je me souviens, mais aussi quelques chefs tadjiks et hazaras, dont j'ai oublié le nom et jusqu'à la physionomie. Massoud n'était pas du nombre. Comme tableau, Edmond About n'aurait pas fait mieux, c'était une scène de *L'Homme à l'oreille cassée*. Le plus moderniste, dans ce cercle de grands féodaux, était XVIIe siècle, monarchie de droit divin. Le plus authentique, qualité d'origine, XIe siècle, et pas précisément almoravide. Tels m'apparurent les « combattants de la liberté » dont s'était entichée notre classe délirante, les brigands de la montagne. Abasourdi par l'écart entre ce chatoiement d'un autre âge et la vision qu'on en avait de Paris, j'observais du coin de l'œil, dans l'intervalle longuet des traductions, Xavier de C***, qui arborait un sourire impassible à chaque énormité proférée par les notables obscurantistes. Les monologues finis, petits et grands chefs repartis dans leur fief, leur cour, leur clan, ou leur mosquée, je lui fis part de mes doutes : fallait-il vraiment encadrer, armer ces olibrius ? C'était ces revenants enturbannés, l'avenir ? La chasse à l'occupant soviétique qui ouvrait des écoles, imprimait des livres et dévoilait les femmes, exigeait-elle d'encourager ce retour en arrière ? « Questions mal posées, me répondit-il. Bien sûr, ils ne sont pas sortables, et si j'en avais une, je ne leur donnerais pas ma fille à marier. Bien sûr que nos journaux et nos télés idéalisent à tout va ces ruffians. Mais c'est ce Moyen Âge-là qui viendra à bout des SS 20. Les Afghans ne le savent pas, mais le sort de l'« Europe kidnappée » est entre leurs mains. A nous de leur filer des missiles sol-air et de bons conseillers militaires. D'ailleurs, si on ne le fait pas, les Américains et les Saoudiens, qui sont cul-et-chemise, resteront seuls maîtres du jeu, et ils feront des bêtises. »

Le stratège voyait loin, et savait distinguer

entre les bonnes intentions et leurs contrecoups (ce qu'ignore l'intellectuel terminal). Tel était Xavier de C*** : résolu et désabusé. L'intelligence, sans la délectation morose qui va avec, et l'action, sans son optimisme niais. La foi inspire à certains combatifs une sorte de cynisme enjoué. Les voies du Seigneur sont impénétrables. Soyons aussi retors que Lui. Parlait-on valeurs et morale, mon camarade demandait : « Avec quelles forces ? » Lui parlait-on déploiement de forces : « Au nom de quelle exigence et dans quel but ? » Moins gnangnan et belle âme on ne pouvait. Xavier de C*** n'oubliait jamais qui il était et d'où il venait, non plus que les valeurs qui l'opposaient à ceux-là mêmes qu'il souhaitait secourir, pour des raisons bien à lui et toujours ciblées, dans une stratégie dûment motivée. Rien n'était plus étranger à cet ethnographe au « regard éloigné » que le « Nous sommes tous... Cambodgiens, Afghans, Polonais, Bosniaques musulmans, Tchétchènes » (selon les années) de nos idéologues dans le vent, plus soucieux de leur image que des réalités. Les identifications hystériques aux victimes viennent le plus souvent de ce qu'on ne connaît pas réellement ceux à qui on a affaire, ni leur histoire ni leur langue, et surtout de ce qu'on se connaît mal soi-même. Cela dit, les libéraux aussi ont leur « idiots utiles », comme les bolcheviks d'antan. Et une fois que la DGSE l'eut recruté, quelque temps plus tard, pour s'occuper du dossier afghan, l'ancien normalien ne devait pas se priver d'utiliser les âmes généreuses mais mal informées, dont il daubait en privé les vanités et les ignorances. On sait que nos services secrets, qui ne manquent pas de fonds (libres d'emploi) ni de contacts dans des milieux très surprenants, consacrent beaucoup de temps à la communication et à l'agit-prop. A l'époque, un anticommunisme confusionnel favorisait tous les amalgames. Le grand homme de nos services, en Afrique, n'était-il pas Savimbi, l'homme-lige de l'apartheid sud-africain ? Un champion du monde libre comme Xavier de C*** ne pouvait se sentir vraiment en pénitence boulevard Mortier, devenu, après le départ des anciens Résistants, l'annexe saint-cyrienne des agences de notre métropole dont il découvrit alors, sur le terrain, les moyens et le sans-gêne démesurés. Notons que le montreur d'images d'Épinal (organisateur d'émissions et de missions de bonne volonté, impresario d'imbuvables exaltés de la guerre sainte, inspirateur d'articles manichéens et d'envoyés très spéciaux, etc.) prenait soin de rester sans visage. « Un marionnettiste ne peut pas faire guignol », me répondait-il quand je le taquinais sur sa manie du retrait, de l'ésotérique et du brouillage des traces.

Il y a un problème de C***. Comment un poids-lourd d'une telle hauteur d'horizon a-t-il pu rester dans une aussi complète obscurité ? L'étendue de son clavier, son aisance à changer de registre, son incapacité à rester longtemps au même endroit ne favorisaient certes pas la mise en case (érudit ? agent secret ? aventurier ? stratège ?) d'une personnalité transversale qui déjouait nos grilles et nos programmes. La casquette unique est le préambule obligé à toute fabrication de légende, que la moindre ouverture de compas décourage. Que fuyait-il ainsi, dans la pénombre et l'esquive espiègle du chat à sept vies ? L'image d'un père trop encombrant ? Et nous, pourquoi ne rendons-nous pas hommage à nos grands défricheurs ? Les Français, au contraire des Américains, n'aiment plus guère leurs originaux, pas plus que leurs inventeurs ou leurs artistes. Si leur cœur bat encore, c'est pour les chanteurs et les sportifs, offerts sur podium et plateau, prêts à la consommation. Disons que ce calme rebelle n'a rien fait pour les aider avec son don de se pousser en arrière, avec son art de s'aliéner les importants par une franchise sans bassesse et un défaut délibéré d'entregent (en dépit d'un sens aigu et très « politique » du rapport de forces). Il poussait l'esprit d'insolence jusqu'au sarcasme, le dégoût des habitudes jusqu'au fantasque, et le goût de faire bande à part jusqu'à l'adresse en poste restante. Il ne reçut jamais la légion d'honneur, et me revient une phrase de Barrès : « Dans cette âme dégoûtée jusqu'au nihilisme, l'honneur se dresse solitaire comme un château dans la lande bretonne. » Comment faire la part du masochiste et du voyant chez ce grand adepte de Toynbee, et aussi, c'est à craindre, de Spengler, chez cet amateur de civilisations fortes, excessivement préoccupé par leurs signes de vieillesse, les premières atteintes de l'automne ? Je ne sais plus à quel hypocondriaque on doit cette vérité que « le succès est un malheur inévitable et le plus tard sera le mieux. » Je veux croire que ce mélancolique actif, douloureusement lucide, toujours dispos et d'attaque, échappant au désespoir par l'entrain de l'action, aura été jusqu'au bout de son bonheur. Se retournant sur sa trajectoire, s'il en avait eu le loisir, je suis sûr qu'il n'aurait pas dit : raté ! Pourtant, ce ne fut pas à proprement parler un homme d'influence, comme tant d'hommes de l'ombre. Trop tranchant, trop entier pour faire une éminence grise, un père Joseph. Le rôle exige d'en passer par le cotonneux et le sirupeux, qui n'étaient pas dans sa nature. Nous devons nous faire à l'idée que nos sociétés exhibitionnistes suscitent en boomerang une silencieuse rébellion d'aristocrates qui trouvent leur plaisir, voire l'orgueil du club, dans la confidentialité. On en trouve encore un bon nombre parmi les hommes au service de l'État, ces diplomates, juristes, militaires et techniciens dont un autre Franco-Américain, Saint-John Perse, disait pour leur défense avant-guerre, quand il s'appelait encore M. Alexis Léger, secrétaire général des affaires étrangères : « Laissez-nous au doigt l'anneau de Gygès. C'est notre luxe. Et ne cherchez pas trop de mérite dans ce goût de l'invisibilité : vous risqueriez peut-être d'y trouver plus de fierté que de modestie. » Notre vidéosphère les pénalise gravement, ces soutiers de la gloire des autres, comme les psys le sont de notre santé mentale. Ils n'ont pas tous disparu. Pensons seulement aux entraîneurs sportifs, aux « caïmans » de l'École normale, aux professionnels du coaching qu'on trouve désormais auprès des managers, des tennismen et des amoureux en difficulté, ou encore à ces médecins anesthésistes qui accompagnent dans leur agonie des cancéreux illustres, et qu'aucun micro ou caméra ne peut apprivoiser. Xavier de C*** aura été une sorte d'Aimé Jacquet de l'antitotalitaire, ou de Jean-Pierre Tarot de l'Europe-puissance. Lui qui aimait tant œuvrer dans l'estime des autres et de soi, fut touché en plein cœur par l'abaissement de la puissance publique. Le discret ne cachait pas sa peine de voir se dégrader les anciennes obligations régaliennes, avec l'éventaire instantané des verbatim, les patrons des services dits secrets par antiphrase publiant leurs mémoires le jour de leur retraite, et maintenant les directeurs de cabinet en fonction exhibant rancœurs et dossiers dans des livres à sensation et en temps réel. Cette mise aux normes des vieilles noblesses d'État, qu'elles soient de robe ou d'épée, n'a pas peu compté, je crois, dans sa décision de quitter le service de la France où l'idée de servir sans se servir soi-même est devenue presque incongrue. Ses employeurs n'étaient plus dignes, à ses yeux. Il s'en est allé chercher ailleurs le désintéressement et les sombres plaisirs du don de soi, à moins qu'il ne s'agisse d'autoflagellation – vieux penchant national. Souhaitons qu'un romancier s'empare un jour de ce destin, d'autant plus digne d'inspirer un futur Conrad ou un futur Kessel qu'il n'était pas à une contradiction près.

Un patriote qui change de patrie au milieu du gué, la volte-face a de quoi déconcerter, en effet. Pourquoi ? Peut-être cet atypique avait-il besoin de se donner à quelque chose de plus large et de plus englobant que son hexagone natal. La passion de s'effacer... Ce franc-tireur ne se voulait pas aventurier. Jamais en solo, la fosse d'orchestre fut son ascèse. Un Lawrence à l'envers, refusant de choisir entre les chameaux de Médine et les bureaux de Londres, qui aurait opté pour l'Empire ottoman et contre les bédouins au nom d'une conception plus exigeante, plus universelle de l'avenir humain. « Écoute, homme blanc... » Mais une autre image s'impose irrésistiblement à moi, qui s'accorderait mieux à son obsession de l'histoire romaine : celle d'un Flavius Josèphe *redivivus*. Ce patricien à l'instinct sûr, ce chef de guerre juif du premier siècle de notre ère est passé du côté des Romains en pleine guerre de Judée. Le transfuge de haute école, fasciné par la formidable machine de guerre des maîtres du monde, devenu le prophète attitré de l'empereur Vespasien, s'était convaincu de cesser une lutte sans espoir pour l'indépendance. « Dieu, lança-t-il à ses coreligionnaires de Jérusalem, s'est enfui du sanctuaire et s'est établi maintenant chez ceux que vous combattez... » Patriote ô combien paradoxal, Xavier de C*** nous voyait sans doute ainsi, nous, les briscards d'un grand songe blessé : des zélotes adeptes d'une cause perdue. Était-ce sa faute, eût-il répondu à nos reproches, si son pays d'origine avait fait son temps dans l'histoire universelle ? Que le génie de l'Occident fût passé outre-Atlantique pour punir l'impiété du Vieux Monde, était une raison suffisante pour l'y suivre avec armes et bagages, dans l'intérêt même de l'Europe et de ce qui faisait, la veille encore, sa raison d'être. Les irrédentistes juifs ont tenu Flavius Josèphe pour un traître de mélodrame, sans comprendre qu'il voulait sauvegarder l'avenir du judaïsme en le dégageant d'une voie sans issue. La domination de Rome, à ses yeux, s'inscrivait dans le plan divin. Surnaturel et déconcertant. La différence est que Flavius Josèphe a fini sa vie dans les douceurs, otage bien en cour, pensionné et logé par le Palais, réécrivant l'histoire juive en latin. Xavier de C***, toujours un Julien Gracq en poche, soucieux du mot propre et de la nuance, ne se mit pas à écrire en anglais pour faire plaisir à ses commanditaires, mais pour rester logique avec lui-même. Par cohérence. Mercenaire par les armes, peut-être, mais non par la pensée. La preuve : son choix de vie, c'est de sa vie qu'il l'a payée.

Au début des années 90, il fut attaché de défense à l'Ambassade française de Washington – mais fit valoir brusquement et prématurément, deux ans plus tard, ses droits à la retraite. C'est alors qu'au lieu de revenir en France, pour y pantoufler dans quelque juteux conseil d'administration, il se fit recruter comme consultant par une fondation plutôt conservatrice, et commença à évoluer dans les cercles de l'intelligence stratégique US. Il me parla alors de sa *green card* avec l'enfantine fierté du pied-de-nez à la sauvette, mais sans s'ouvrir, dans ses mails laconiques, de ses démarches en vue d'une naturalisation en bonne et due forme. La lettre tapuscrite et expédiée par voie postale à laquelle je me suis permis de donner un titre qui en résume, je crois, l'esprit, fut la dernière que je reçus de lui.

Il s'est porté volontaire pour l'Afghanistan, comme interprète et agent de liaison entre une antenne de la DIA américaine discrètement installée à Achkabad et un détachement de combattants turkmènes opérant à la frontière Nord-Ouest. Il avait le malheur de parler le turc, et de connaître comme sa poche le Turkménistan où résidait la famille de sa femme (dont il s'était séparé), elle-même parente du président à vie Niyazov. Ce pays neutre et enclavé, grand comme la France et désertique, a une frontière terrestre avec l'Afghanistan, où résident un million de Turkmènes, et une façade sur la Caspienne, mer fermée. L'administration américaine avait déjà eu recours au savoir-faire de l'oiseau rare pour monter le projet de gazoduc sous-marin qui, couplé à un oléoduc, devait relier le Turkménistan à l'Azerbaïdjan, puis au port turc de Ceyhan sur la Méditerranée. Pour un coût de deux milliards et demi de dollars, les USA pouvaient éviter de faire passer leur gaz par les territoires iranien et russe. Quand le Pentagone lui demanda, après le 11 septembre, de reprendre du service dans la région, il accepta aussitôt. Nullement par bravade ni pour un baroud d'honneur. Parce que c'était son style – et le job.

Xavier de C*** fut tué entre chien et loup, au crépuscule d'une journée glaciale de novembre 2001, en même temps que sept combattants turkmènes de son escouade de reconnaissance. Elle s'était avancée sans rencontrer de résistance dans les bidonvilles désertés de la petite ville de Balkh (notre Bactre), à quelque cinquante kilomètres de la frontière, en avant de la zone d'exploration prévue. Les éclats d'une bombe à fragmentation, suite au ciblage malencontreux d'un bombardier américain, fauchèrent le tiers du commando, interrompant la liaison radio avec sa base arrière.

Tout fut fait pour que la terrible méprise ne soit pas ébruitée. En pleine guerre de l'information, dans le clair-obscur des préparatifs, cela peut se comprendre. Les Talibans n'y avaient pas intérêt, à supposer même qu'ils eurent connaissance de la bavure. La propagande américaine encore moins. Ni les services français, pour des raisons d'amour propre. Avec ce genre de frontaliers, prestataires extérieurs de services, les risques de fuite ou de scandale sont minimes. Un accident du travail. Passons.

Les corps déchiquetés furent ramenés le lendemain par les survivants du côté turkmène. Ce bon chrétien a été inhumé, par les soins de son ex-épouse, au cimetière musulman d'Achkabad. Dans la plus stricte intimité.

Aussi limitée que soit la part de soi-même qu'il convient d'intéresser à la chose publique (ou plutôt aussi éloigné que je m'en sente désormais), cette amère aventure d'un croyant d'Occident, prosélyte immolé par sa nouvelle obédience, si désinvolte, m'a semblé devoir être contée.

***

Chacun comprendra que je ne réponde pas point par point à la lettre-programme du réveilleur expatrié. C'est trop tôt, ou trop tard. Avoir le dernier mot, après un tel drame humain, serait se donner le beau rôle à bon compte. Je publierai quelque jour les échanges qui ont précédé son ultime missive, que sa veuve m'a donné l'autorisation de publier à condition de garder son vrai nom sous silence, pour ne pas lui nuire, eu égard aux sentiments anti-occidentaux de sa famille et de son milieu à elle. Car ce nom fut le sien et elle veut qu'on l'oublie. Comment aller là-contre ? A sa connaissance, il n'a pas rédigé de testament. A la mienne, il n'a pas fait d'enfants.

Si j'ai cru nécessaire cette divulgation, ce n'est pas seulement parce que Xavier de C*** pose avec de longues mesures d'avance la question clef du siècle à venir, une fois dissipées les euphories du leurre « européen ». C'est aussi que résonne dans cette divagation d'oracle l'écho d'un affaissement de terrain dont les symptômes s'étalent à la vue. Il avait trop le sens de l'humour, et de répugnance aux effets de voix, pour donner à son anticipation valeur de manifeste mais j'en suis venu à me demander si mon indiscrétion n'allait pas au-devant de ses souhaits, lui qui chérissait tant les billards à quatre bandes... Xavier me paraît avoir traduit sur une très haute portée, en inversant ses signes, un sentiment largement répandu parmi nous : repli sur le fortin, désir sournois d'abandonner à leur sort les banlieues du monde pour faire chorus avec le Maître, bonheur lâche de qui se met dans le sillage du plus fort. On peut bien refuser l'ordre panaméricain, sa morgue et son ethnocentrisme, fût-il habillé de mondialisation, et saluer ce qu'il peut y avoir d'abnégation personnelle chez les meilleurs de ceux qui nous tournent le dos, à nous « républicains vieux jeu ».

Ai-je besoin de préciser, à l'encontre de notre

ami et adversaire, que l'Europe unie pourrait être autre chose qu'une douce anesthésie collective, si des hommes et des femmes de cœur lui redonnent demain le goût perdu du risque et de l'effort ? Un républicain démocrate tient l'espèce humaine pour un seul peuple. Il ne saurait se résigner au mur d'indifférence dressé entre un Occident oublieux de ses dettes et l'Afrique, l'Amérique latine et le monde arabe, rabaissés en réservoir de vauriens, de sous-hommes taillables, corvéables, bombardables et justiciables à merci. L'Islam n'est pas notre ennemi mais un cousin en difficulté, auquel nous devons donner le temps et les moyens de rejoindre notre époque, comme l'a fait au dernier siècle, non sans mal, la Chrétienté. Quant à notre pays, il peut momentanément avoir perdu la main, mais il en a connu d'autres, des passages à vide – gardons-nous de noircir le tableau –, et il en faudrait plus pour délivrer le permis d'inhumer. Enfin, l'idée égalitaire, vivifiante parce que toujours inachevée et incomplète, de République, à l'heure où se dressent un peu partout les miradors de l'opulence et les ghettos de l'identité, demeure à nos yeux la plus gaie, la plus oxygénante des transgressions.

Il me plaît, quoi qu'on en pense, d'honorer la mémoire d'un incorruptible dont l'intransigeance et la pénétration fixent à jamais l'entière présence parmi ceux qui ont croisé son chemin. Le gentilhomme à contre-emploi restera dans nos mémoires comme une entorse à la règle du conseilleur mais non payeur. Un croisé, oui, mais qui a joint le geste à la parole. C'est l'éternel métier des scribes de faire que le fort soit juste, sans y mettre la main ; aussi n'est-il pas étonnant qu'à son apogée l'hyper-Empire rallie sous sa houlette nos beaux esprits au moule. Il appartient aux autres, malgré quolibets et calomnies d'usage, aussi isolés soient-ils, de faire que le juste soit fort, modestement, tenacement. Aussi la résistance à un pouvoir exorbitant à qui plus rien ne semble résister vient-elle en tête du cahier des charges propre à tous les Tintin vivant en République, où la vassalité n'est pas de mise. Mieux : m'est avis que l'aptitude à narguer trônes, puissances et dominations reste, en ces mêlées politiques toujours douteuses et sujettes à dispute, le dernier trébuchet distinguant, n'en déplaise à feu mon antagoniste – et, pour le dire avec ses mots à lui, que je ne peux décidément faire miens – les *happy few* de la *unhappy crowd.*

R. D.

Composition et mise en pages réalisées
par Étianne Composition
à Neuilly-sur-Seine.

Achevé d'imprimer en février 2002
sur presse Cameron
par ***Bussière Camedan Imprimeries***
à Saint-Amand-Montrond (Cher)
pour le compte des Éditions Fayard

35-57-1454-4/01

ISBN 2-213-61254-4

Dépôt légal : février 2002.
N° d'Édition : 19682. – N° d'impression : 020680/1.

Imprimé en France